大家小书
译馆
09

# The Prince
# 君主论

［意］马基雅维利－著

高煜－译

Niccolò
Machiavelli

北京出版集团公司
北京出版社

图书在版编目（CIP）数据

君主论／（意）马基雅维利著；高煜译. —北京：北京出版社，2017.5
（大家小书. 译馆）
ISBN 978-7-200-11757-8

Ⅰ. ①君… Ⅱ. ①马… ②高… Ⅲ. ①君主制—研究 Ⅳ. ①D033.2

中国版本图书馆 CIP 数据核字（2015）第 307607 号

选题策划：高立志　王忠波
责任编辑：王忠波
责任印制：宋　超
装帧设计：左左工作室

·大家小书·译馆·
君主论
JUNZHU LUN
［意］马基雅维利　著　高煜　译

\*

北京出版集团公司
北京出版社
出版

（北京北三环中路6号）
邮政编码：100120

网　址：www.bph.com.cn
北京出版集团公司总发行
新 华 书 店 经 销
三河市同力彩印有限公司印刷

\*

880 毫米×1230 毫米　32 开本　5.125 印张　96 千字
2017 年 5 月第 1 版　2024 年 3 月第 2 次印刷
ISBN 978-7-200-11757-8

定价：32.00 元
如有印装质量问题，由本社负责调换
质量监督电话：010-58572393

## 总　序

刘北成

"大家小书"自2002年首辑出版以来，已经十五年了。袁行霈先生在"大家小书"总序中开宗明义："所谓'大家'，包括两方面的含义：一、书的作者是大家；二、书是写给大家看的，是大家的读物。所谓'小书'者，只是就其篇幅而言，篇幅显得小一些罢了。若论学术性则不但不轻，有些倒是相当重。"

截至目前，"大家小书"品种逾百，已经积累了不错的口碑，培养起不少忠实的读者。好的读者，促进更多的好书出版。我们若仔细缕其书目，会发现这些书在内容上基本都属于中国传统文化的范畴。其实，符合"大家小书"选材标准的非汉语写作着实不少,是不是也该裒辑起来呢?

现代的中国人早已生活在八面来风的世界里,各种外来文化已经浸润在我们的日常生活中。为了更好地理解现实以及未来,非汉语写作的作品自然应该增添进来。读书的感觉毕竟不同。读书让我们沉静下来思考和体味。我们和大家一样很享受在阅读中增加我们的新知,体会丰富的世界。即使产生新的疑惑,也是一种收获,因为好奇会让我们去探索。

"大家小书"的这个新系列冠名为"译馆",有些拿来主义的意思。首先作者未必都来自美英法德诸大国,大家也应该倾听日本、印度等我们的近邻如何想如何说,也应该看看拉美和非洲学者对文明的思考。也就是说无论东西南北,凡具有专业学术素养的真诚的学者,努力向我们传达富有启发性的可靠知识都在"译馆"搜罗之列。

"译馆"既然列于"大家小书"大套系之下,当然遵守袁先生的定义:"大家写给大家看的小册子",但因为是非汉语写作,所以这里有一个翻译的问题。诚如"大家小书"努力给大家阅读和研究提供一个可靠的版本,"译馆"也努力给读者提供一个相对周至的译本。

对于一个人来说,不断通过文字承载的知识来丰富自己是必要的。我们不可将知识和智慧强分古今中外,阅读的关键是作为寻求真知的主体理解了多少,又将多少化之于行。所以当下的社科前沿和已经影响了几代人成长的经典小册子也都在"大家小书·译馆"搜罗之列。

  总之,这是一个开放的平台,希望在车上飞机上、在茶馆咖啡馆等待或旅行的间隙,大家能够掏出来即时阅读,没有压力,在轻松的文字中增长新的识见,哪怕聊补一种审美的情趣也好,反正时间是在怡然欣悦中流逝的;时间流逝之后,读者心底还多少留下些余味。

2017 年 1 月 24 日

# 目 录

序 / 001

引 言 / 001

尼古拉·马基雅维利致伟大的洛伦佐·德·美第奇 / 001

第一章 君主国的种类及获得君主国的手段 / 003

第二章 世袭君主国 / 004

第三章 混合君主国 / 006

第四章 被亚历山大占领的大流士王国在亚历山大死后不反叛他的继承人的原因 / 016

第五章 君主应该怎样统治在被征服之前按照他们的法律生活的国家 / 020

第六章 关于靠自己的军队和才智获得的新君主国 / 023

第七章 关于靠他人的军队和运气当上的新君主 / 028

第八章 关于采取卑鄙手段当上君主的人 / 037

第九章　关于平民君主　/ 043

第十章　衡量各种君主国力量的方法　/ 048

第十一章　关于教会君主国　/ 051

第十二章　关于军队种类及雇佣军　/ 055

第十三章　关于外国援军、混合军队和自己的军队　/ 061

第十四章　关于从事战争实践活动的君主所要关心的事情　/ 066

第十五章　关于使人尤其是君主招致责备或赢得称颂的事情　/ 070

第十六章　关于慷慨和吝啬　/ 073

第十七章　论残忍与仁慈以及被人爱戴和被人敬畏哪种情况更好　/ 076

第十八章　君主应该如何守信　/ 080

第十九章　人应该避免被人仇恨和蔑视　/ 084

第二十章　要塞、堡垒以及君主们每日做的其他事情有益还是有害　/ 095

第二十一章　君主应怎样为人处世来获取声望　/ 100

第二十二章　关于君主的大臣　/ 105

第二十三章　君主如何防备谄媚者　/ 107

第二十四章　意大利的君主们为何丧权亡国　/ 110

第二十五章　命运在人的事务中作用如何及人如何抗击命运　/ 113

第二十六章　热切希望从蛮族人手中解放意大利　/ 117

# 序

在被认为是不朽的经典作品当中，这本小书所占的地位很突出，而且我确信，它也是独一无二的。我们无法阻止人们把它斥为受犬儒主义思想启发出笼的一篇"邪恶文章"，也无法迫使人们把它看作一部重要的政治学著作，只是现在和此书刚出版时一样，人们不把它读完绝不会放手，绝不会对它漠然视之。《君主论》没有永葆其青春（许多著作还能得到这种平庸的赞扬），但它的魅力并不减当年。我知道这一点，但我没有把握知道其原因。

脑子里首先出现的答案是，《君主论》是一本闪烁着耀眼光芒的书，学识渊博的人和一般读者都曾试图探究其中的奥秘，但都无功而返。马基雅维利想说什么？他在教导什么人？是在教导帝王，还是在教导人民？他站在哪一边？是站在专制君主一边，还是站在拥护共和的人一边，或者是不倾向任何一边？

今天，我们不要再牢牢记住让-雅克·卢梭对此所做的貌似独到的解释了。卢梭在其《社会契约论》的一条注解中写道：马基雅维利是一个正直的人，而且是一位善良的公民，但由于他依附于美第奇家族，在其祖国遭受压迫之时，他不得不把对自由的热爱隐藏起来。他列举出的人物中仅是塞扎尔·博尔吉亚这一位令人憎恨的人物，就足以表露出其隐秘的意图，而且，他在《君主论》中提出的一些准则与在《论提图斯·李维》和《佛罗伦萨史》两本书中提出的准则截然相反，表明迄今为止，读者对这种高深的政治学的认识仍然是肤浅的和曲解的。我很清楚，罗马教廷严禁此书，就是因为他对教廷的描绘入木三分。事情并非如此。《君主论》和《论提图斯·李维》之间并无矛盾。马基雅维利热爱自由，甚至并不隐瞒对自由的热爱。但是要建立一个新君主国，或者要使意大利摆脱蛮族统治，沉沦中人民的自由是无能为力的。马基雅维利模仿亚里士多德，对维持专制君主统治所必需的手段进行分析，并不是因此就赞成它，更不是赞成让世风堕落下去，以便让专制君主统治得以存在，并且不可避免。

人们对《君主论》的真实内涵即马基雅维利的最终意图的探讨，并没有到此为止。此书的真实内涵实际上是辩证的。

针对一个问题提出的任何答案，又都会产生一些问题，而且可能把我们带回到出发点，即带回到最初的问题上，但更让人难以捉摸。自由与专制之间的对立，即《君主论》与《论提图斯·李维》之间的对立只是表面的。马基雅维利和所有禀性善良的人一样，热爱自由，仇恨专制。但他有历史经验和政治实践经验，了解人类事务进展的方式，知道民众的行为变化无常，国家是脆弱的。他不抱幻想，也不带偏见，对各种类型的国家进行分析，并对它们进行分类，找到了规律。这些规律是科学的，但并不符合道德。按照这些规律，每个君主国都应该是被征服的或被统治的。尽管马基雅维利的注意力的确更多地集中在新兴的或没落的君主国上，尽管他似乎赞赏塞扎尔·博尔吉亚及其行为，但如果因此就来指责他，那就错了。马基雅维利就像一位医生，研究疾病花费的时间比研究健康花费的时间更多，因为从某种意义上说，研究疾病比研究健康更有利。之所以如此，是因为疾病需要医生来治疗，是因为疾病能揭示人体的机能，从未有人因此责备医生热衷于研究疾病甚于研究健康。再说，马基雅维利所描绘的社会风气在意大利盛行，这难道是他的过错吗？

这样辩证地看，我们对马基雅维利的意图的理解就有了把握。我们不必再说作者善于掩饰本意了，不管这本意是卑鄙的，还是高尚的。马基雅维利成了一位学者，而且按现代的观点来说，是一位醉心于科学的学者，这个修饰语足以说明一切。马基雅维利是政治科学的奠基人，奥斯卡·摩根斯泰恩抱怨现代政治科学的专家们没有对马基雅维利的告诫进行严格细致的分析，找出其中有实用价值的东西。

希望读者多读一遍第七章，作者在这一章中叙述了塞扎尔·博尔吉亚的作为。这位公爵在占领了罗马尼亚之后发现，统治这块地区的人是一些"并无多大能力的小领主，他们不是统治臣民，而是对他们进行掠夺……他认为要使臣民保持安宁，服从俗权，就必须对他们实行正确的统治，为此他委派心狠手辣的雷米·道尔科全权为他管理国家。此人很快就使国家安定下来，实现了统一，得到了很高的荣誉"。而塞扎尔·博尔吉亚给这个忠实奴才的赏赐是什么呢？"他要表明，如果说统治方法有些残酷，这残酷也不是他造成的，而是由这个大臣的卑劣本性造成的。于是他抓住上述恰当的时机，在一个晴朗的早晨，令人把雷米·道尔科斩成两段。在切塞纳的广场中央，立着一个木砧，雷米·道尔科的尸首旁边搁着一把血淋淋的刀，这个残酷场面使全体民众大快人心，同时也胆战心惊。"

马基雅维利思想光辉的全部奥秘就在这里。没有什么比这段叙述的寓意更简明、更合理、更实用了。如果不避卖弄学问之嫌，我们可以直截了当地用抽象的语言把这种寓意表述出来。一个遭受掠夺的国家，为了重新使人民保持安宁，建立秩序，就需要一个心狠手辣的首领；以后当天下太平时，就要不失时机地用一位贤明的民事法庭大法官取代这个心狠手辣的人。而且由于这个心狠手辣的人必定会让人民产生敌意,因此最好把他杀掉,让忘恩的人民平息愤怒,就像此例中的君主塞扎尔·博尔吉亚一样,装作与雷米·道尔科以他的名义犯下的罪行毫不干系。这些道理说服力这样强,我们怎么能对它们提出异议?实际上也许不可能提出反对意见,但是要人们接受这些道理也不易。

找替罪羊这个诀窍在古代社会就不新鲜。毋庸置辩,这个诀窍对于君主是有用的。然而,就因为这诀窍往往能奏效,马基雅维利这位医治社会躯体疾病的医生就有权建议利用它吗?"依我说,那些被一个历史更为悠久的国家征服吞并的国家和地区,其民族和语言要么相同,要么不同。如果民族和语言相同,就容易保住它,尤其是如果这些国家的人民不习惯于自由生活,就更是如此。而要高枕无忧地占有这些国家和地区,只要把原君主的家族斩尽杀绝就行。"人们会把这种教新君主将原统治家族所有成员斩尽杀绝的建议叫作"实用的告诫"吗?在短期内及在功效上,这个建议与把那个靠毒辣手段建立秩序同时又激起公愤的忠实奴才处死的建议同样实用。因为"人都实实在在",所以社会经验给人的告诫与伦理学家们的教导并不一致。

这下有人要问,马基雅维利岂不是想说,这些政治上有效的手段都是与教会的说教背道而驰的?从他选择的人物来看，他岂不是要放弃对所称的"佛罗伦萨式的政府"的支持？他对这种政府的支持原本比人们所希望的还要坚决。所有国家确实都诞生于暴力中，而且这些国家的缔造者，这些建立或重建人类国家这种脆弱建筑的人，最终也确实被暴力推翻了。但是，从马基雅维利为这些创造历史的人辩护和颂扬所采取的方式来看，他是在教唆人们作恶，还是在鼓励人们行善呢？是在鼓吹为达到目的不择手段的思想，还是在鼓吹共和？他不时援引教会的说教，是为了掩盖其学说中的犬儒主义思想，还是为了让其被科学真理约束压抑的情感流露出来？最后，马基雅维利部分地掩饰其政治绝无道德的观点，同时却时而说它有客观事实做基础，时而又指出它应受谴责但也不可避免，其本意不就是说为达到目的可以不择手段？

总之，注重道德的人可能对这种历史经验做出与马基雅维利全然不同的解释，不会就此对残暴或歹毒的行为所造成的后果视而不见。雅克·马里坦针对马基雅维利主义强调了历史时限因素。"世俗的善产生国家正义的一面，世俗的恶产生国家不义的一面，这种善恶可能是并且实际上就是与人脑能够预料、人眼可以看到的直接结果完全不同。要分辨因果关系不紧密的行为，与在江河口处分清哪股水来自冰川哪股水来自一些支流一样不容易。"马里坦的观点也不能令我信服，他仅仅提醒我，马基雅维利对政治学的释读不是唯一可能的释读，这种释读起源于某种意图。什么意图呢？这我们说不准，因为有许多可能的答案。他的释义是因时势、因科学设想、因对政治学起源的探索产生的，还是因注意到极端情况产生的；是因对人性的悲观看法产生的，还是因对共和的热爱及让摆脱蛮族统治的意大利统一起来的愿望产生的？所有这些答案都是由这个或那个批评家给出的。但不管是什么答案，平庸而空泛的争论仍在继续：政治是行动，行动的目的就在于成功。如果成功一定要采用道德上应受谴责的手段才能获得，君主就应该放弃公众的赞扬吗？就应该弄脏自己的手？就应该为了拯救国家而放弃拯救自己的灵魂？他要在这条不能不走的道路上走多远？如果会因接受真理而加速垮台，他会拒绝什么样的谎言？

我曾在1962年3月写了文章。三年半以前，由于不能阻止阿尔及利亚独立，法国的一届共和政府就被推翻了。后继共和政府的缔造者顽固地继续奉行他们指责上届政府仅有愿望而不采取行动的政策。但是，假如必须高喊"法兰西的阿尔及利亚"才能让戴高乐将军重新执掌权力，假如这位科龙贝的隐居者返回爱丽舍宫对公众的利益来说责无旁贷，那么那些曾经欺骗过支持者、在其目的上欺骗人民的人，岂不也是最终使自己既身败名裂，又在为国家效力？或者难道应该说，统治我们的君主假如丧失名誉，就不能为国家效力？但是由谁对他们的名誉进行评判呢？在他们的欺骗行径得逞之日，人民会对他们毫不宽容吗？

马基雅维利有对这种行为逻辑探究到底的勇气，而读者对于这种行为，却在一些没有答案的问题中寻求出路。

雷蒙·阿隆

# 引 言

马基雅维利的《君主论》是迄今最著名的政治学论著，能够与之匹敌的是柏拉图的《理想国》，但那本书是在论述其他问题时顺带讨论政治学的，政治学只处在有限的从属地位。在《君主论》中，我们将会看到，马基雅维利在论述政治学时，也顺带讨论了政治学以外的问题，但结论大不一样。据他说，政治学不受其范畴以外的事物限制，倒是通常被视为处在政治学范畴之外的事物（任何政治局势下的"已知事实"）要受到政治学的支配，其程度比政治家、民众和哲学家们迄今所想象的要大得多。因此，如果认为政治是为其自身利益行事的，不受其范畴之外任何事物限制，那么，马基雅维利的《君主论》就是最著名的政治学论著。明确地说，《君主论》的名气就在于，它是第一部也是最好的一部主张政治学具有且应当具有自己的准则，并且不应接受任何种类或任何来源的旨在不去战胜他人的准则的著作。《君主论》比马基雅维利的另一部重要著作《论提图斯·李维》更简明更精练，因为它是写给洛伦佐·德·美第奇看的，这是一位像现代行政官一样工作繁忙的君主，很少有时间读书。这样，由于《君主论》向一位正在任上的政治家提出了政治上的建议，指出政治不应受任何无政治意义的事物限制，因此比《论提图斯·李维》著名得多。

《君主论》是一部最有名的政治学论著，但是，我们不能不马上纠正说，它也是一部名声最臭的书。它就是因其臭名而有名，因为它宣扬了此后一直被称为"马基雅维利主义"（即为达到目的而不择手段——译注）的这种政治学。这种政治学的精髓就是"你可以作恶而逍遥法外"，即你不会遭到天谴，灵魂不会堕落，良心也不会受到谴责。你要是获得成功，甚至都不会背上谋杀的罪名，因为"每当他们有机会，都会这样做，并会被人们赞扬，至少不会受到指责"（第三章）。只有失败者才是罪人，留下臭名。马基雅维利及马基雅维利主义的政治学的有名（或者说臭名）就在于其甘心情愿冒遗留臭名的危险。

然而，据说研究马基雅维利的学者们偏偏普遍认为，马基雅维利并不是一个传授邪恶之道的坏人，他不该背上恶名。鉴于马基雅维利喜欢共和制甚于君主制（在《论提图斯·李维》中表露得很明显，在《君主论》中也不是一点没有表露），他们不能相信他竟是个赞成暴政的人；或者他们被马基雅维利在《君主论》最后一章突然迸发出的意大利人的爱国热情深深感动，原谅他的那些嘲讽的言论，这些言论与那种浓烈的爱国情感很不协调，被认为使它带上一些尖刻的味道（这是老一代学者们的观点）；或者他们根据马基雅维利在第十五章所说的我们应该从"实际做的事情"而不是从"应该做的事情"来确定自己的处境这种观点断言他是近代政治科学的先驱，而这种科学并不是邪恶的东西，因为它只是不加评判地把所发生的事情告诉我们。总之，这些学者普遍所持的观点是为马基雅维利辩解，认为他是一位共和主义者，一位爱国者，或者是一位科学家，从而与大多数人在听到马基雅维利的学说后所产生的印象截然相反，认为马基雅维利并不是"马基雅维利主义者"。

读者可以根据这些替马基雅维利辩解的理由自己做出判断。我不认为这些理由可取，主要是因为它们使我们对马基雅维利的研究变得兴味索然。它们把马基雅维利变成了预言家，碰巧发出了民主、爱国、自决和科学这些我们今天耳熟能详的论调，不对我们热爱的信仰质疑，也不强迫我们去思索，而是让马基雅维利加入到一片自我庆幸之声中。替马基雅维利辩解当然有根有据，而且构成辩解理由的根据就是马基雅维利自己提供的。如果有人指责马基雅维利赞成暴政，他确实可以叫这人去读读《论提图斯·李维》（Ⅱ，2）中的一段文章，其中他相当谨慎地说，如果不是共和国，公众利益是得不到注重的。但如果另有人认为他赞成共和制，他也可以叫这人去读同一章，其中他说到，最悲惨的奴隶状态就是被共和国征服。而且，尽管他在《君主论》第二十六章中表露出意大利人的爱国热情，竭力呼吁有人出来夺取意大利，把她从外邦人手中解放出来，却又在第三章中不带偏见地向法国国王提出建议，教他在下次侵略意大利时如何干得更好。最后，他确实有时只揭露所看到的恶行，同时对它徒发悲叹，但有时又怂恿我们参与那种恶行，而他则道貌岸然地谴责并非有心的道德败坏者。尽管他是一位敢作敢为的作者，似乎有意要追求恶名，但也并不是厚颜无耻到不替自己最无耻的论调辩解，或者不加以谨慎地保留条件。关于这一点，我在别处已经详尽论述过，并且可以立即提及利奥·斯特劳斯的著作，因此这里没有必要再加以说明。

　　对于马基雅维利是不是"马基雅维利主义者"这个问题，人们的分歧是什么呢？为了要明白其中涉及一个极为重要的问题，我们不可满足于学究气的辩解或道德上的非难，因为所争论的问题是我们对人进行褒贬时所遵循的准则的性质，即道德观念的真正地位。马基雅维利一开始没有指明这个重要问题是他的主题。他在献词中，拿着《君主论》一书卑躬屈膝地向洛伦佐·德·美第奇邀宠。他说，一个人要想了解人民的本性，就必须身为君主，而要了解君主就必须身为平民，他似乎要向洛伦佐提供当君主所需的知识。马基雅维利依照这个相当郑重的允诺，在《君主论》的第一部分（从第一章到第十一章）讨论了君主国的种类，并在第二部分（从第十二章到第十四章）讨论了各种军队，如我们所知，它们是征服的必需工具。但同时（为了长话短说），我们得知，君主必须或者可以依赖民众（第九章），还得知，虽说君主的唯一目的应是战争之道，但必须在和平时期注意道德品质，所采取的方式应是在战争时期也能利用这些道德品质（第十四章结尾）。

这样，我们对马基雅维利在第十五章发出的响亮号召就有思想准备了。在那一章，他声称他"背离了他人的看法"，并解释了原因。因为好的道德品质对民众有效。所以，如果君主必须征服民众，并且像美第奇那样，依靠这些道德观念的护卫者，那就必须找到一种与征服的需要相一致的新道德观，并且君主必须从马基雅维利那里重新了解民众的本性。马基雅维利在背离他人的看法时，觉得"了解事物有效的真实情况比了解理想情况"更为合适。许多人已经设想出理想的共和国和君主国，但是人不能"为了应该做的事情而把实际做的事情丢开不管"，因为你若要"立誓要做完全正直的人"，在那么多不善良的人中间，就注定要失败。君主必须学会能够不行善，并且根据需要来运用这种本领。

这句实话言简意赅最具实效，它等于从根本上向马基雅维利所处时代的人所理解的整个基督教和传统的道德观及政治科学发动冲击。讲道德不仅指行为要正当，还指行为要有正当的动机，或者出于对上帝的爱。所以人们认为若要行善，就要"立誓"，在誓言中说明行善的动机，否则，讲道德就仅仅表现为表面上遵从法律，甚至是遵从强势力。但行善的立誓所伴随的道德行为之间不可能是相互孤立的，人们必须苦心孤诣，使各种道德行为互相一致，使有德之人整个一生无懈可击。既然我们所看到的一致只是表面上的一致，这种苦心就要求人具有想象力，而且这种苦心要延及全社会，因为独自一人难以做到洁身自好，所以讲道德就需要建立一个理想共和国和君主国，如柏拉图的"共和国"和圣奥古斯丁的"上帝之城"。

当马基雅维利否认理想共和国和君主国"真实存在"，并宣称这些事物或所有事物的真实情况是有实效的真实情况时，认为不存在不由人建立而人却必须遵守的道德准则。现存的准则或法律都是统治者或其他权力根据需要制定的，人们出于同样的需要必须遵守它们。无论什么事物，如果是必要的，就可以叫作正当的和合理的。但是，正义的合理程度不超过个人的审慎指示他必须为自己获取的东西，或者他必须服从的东西，因为人承受不起任何超出自我保护意义的正义。马基雅维利不打算像霍布斯那样提出以自我保护为基础的正义的新定义。他没有把正义列入第十五章所列举的十一对道德品质中，这就表明了他的意思。他在第二十一章的确也提到了正义，但那是作为弱方可以指望从他们在战争中所支持的君主那里获益的一种算计，而就是这一点点正义也与马基雅维利在第十八章谈到守信时，以及在第二十章谈到背弃以前的支持者时所说的话有矛盾。他在第二十六章还把正义与必要相提并论。然而，最引人注目的是，不仅在《君主论》中，而且在其他任何著作中，他都从来不提自然正义或自然法，而这两个古典和中世纪传统中关于正义的概念已经传到他那个时代，在他的所有同代人关于这种主题的著作中都可以找到。关于马基雅维利是否真是"马基雅维利主义者"的争论所产生的严重分歧在于，正义真的是自然存在或者是由上帝确立的，抑或不过是君主（统治者）的权宜之策。"所以，一位君主如果打算要以征服和维护国家为其目的，那么他的手段总是冠冕堂皇的，都会受到大家的称颂。"（第十八章）这样，人的声望就与成功的人力表面上是相称的，与统治者可能觉得不合时宜的道德准则无关。

如果不存在自然正义，马基雅维利或许可以教君主在不存在自然正义的情况下实行统治，但这要取决于人们能"立誓"做到正义这一假设。因为不存在自然正义，君主在没有正义的情况下，并不必定能成功实行统治。统治者进行征服和维持征服与实行自然正义一样，都可能得不到成功。确实，当传统的自然正义倡导者对自己的主张信心不足时，都曾强调获胜的不确定性，强调命运的喜怒无常，以此作为反对决意作恶的理由。但是，马基雅维利认为人可以"学会"做到不行善。对于获胜和保持胜利成果所遇到的各种困难，尤其是对于命运的无常，用他经常用的话来说，他都有一种"补救措施"。既然自然或上帝不维护人类正义，人类就需要一种补救措施，而这种补救措施就是君主，尤其是新君主。为什么新君主必定更受青睐呢？

在《君主论》第一章的开头，我们看到马基雅维利要把各种君主国与获取它们的方法放在一起讨论，接着我们还在这一章发现，不仅如此，他还将这些君主国按获取的方法进行分类。"获取"是一个经济学术语，马基雅维利用来表示"征服"，获取决定政体的类别，像柏拉图和亚里士多德所认为的那样，而不是决定它们的宗旨或结构。获取怎么会涉及正义的问题呢？

正义需要外部财富的适度补充，按亚里士多德的话说，这是德行的装备，它能使人免于饥饿，并让有德之人远离贫困，因为在贫困面前，道德观也会变得软弱无力，甚至不起作用。因为一个人手中如果没有东西可供分配，他怎么能做到分配公平？但是接下来就要问，他要从何处获得这种适度补充呢？最便利的方式就是世袭。在第二章，马基雅维利对世袭君主国进行了分析。在这种君主国里，君主继承了他所需的一切，尤其是保卫他所拥有的东西的政治权力。世袭君主拥有一切，被称为"自然即位的君主"，这似乎要让人联想到，我们最大和最广泛的继承物就是我们从大自然获得的东西。但是，如果世袭君主只守着他所世袭的东西（从他的情况推而广之，如果我们把我们所继承的一切加起来），这就够了吗？

马基雅维利在第二章的末尾指出世袭君主国所存在的困难，他承认，世袭君主也必须进行变革，但声称变革不是破坏性的，因为它可以循序渐进，连续不断。他把各个君主自己的建树比作在一排房屋旁边再添造一间：你也许没有继承到所需的一切，但为以后必须获得的东西继承了一个坚实的基础和一个容易的开端。不过，显然，这样靠世代相承建造起来的一排房屋，在建造第一间时肯定没有现成的基础，开工也不容易。在继承之初，就应有不通过继承得到的东西。而不幸的是，人们在最初获取时，不可能做到充分注意正义的细微之处。人们可以羡慕一个美国公民生来就享有优越的生活条件，但是，为了建立这种继承权，所采取的卑劣手段不就是驱逐英国人、欺骗印第安人、奴役黑人嘛！

于是，马基雅维利在第三章对我们说："君主有征服欲，的确非常普遍，也合乎情理。"他花了几页的篇幅，把"合乎情理"的含义从世袭转移到征服欲上。抑或我们可以抱着君主有征服欲可能合乎情理而共和国就不行这种思想,通过引证马基雅维利在《君主论》中表露不那么突出的共和主义来自慰?但是在第三章,马基雅维利把"古罗马人"即罗马共和国的成功的征服欲与法国国王的轻率举动进行比较,对古罗马人大加赞赏。马基雅维利所谈及的那个古罗马时代,罗马人已不像在刚刚崛起时那样势单力薄,他们已经强大,而且还在进行扩张,他们已经拥有足够的帝国疆土供其公民继承,但是还要继续征服。这样做有道理吗?有!因为在这个世界上,富人不能高枕无忧地继承他们要继承的财富,为了现在不让别人像自己曾经对待别人那样来对待自己,他们就必须对穷人保持警惕。富人为了始终要胜过穷人,其思维和行为就必须像穷人那样。他们当然不会公正地对待穷人,也不能浪费时间和金钱来怜悯穷人。

马基雅维利在献词中以一个"地位卑微"的穷人的面貌出现在洛伦佐面前,并且我们知道,他除了没有体面的职业外,还缺乏一样东西,就是统一的祖国。意大利正处在国势衰弱四分五裂的状态,而我们因此就应该说马基雅维利时代的意大利人(包括马基雅维利本人)怀有征服欲合理吗?而正如我们所注意到的,马基雅维利似乎并不承认它的合理性,因为,也是在第三章,他向一位法国国王提出建议,教他如何纠正侵略意大利时所犯的错误。此外还有一个问题,马基雅维利的祖国是意大利还是佛罗伦萨？在第十五章，说到"我们的语言"时，他指的是托斯卡纳语，而在第二十章，"我们的前人"又指的是佛罗伦萨人。但是，马基雅维利到底是意大利爱国者还是佛罗伦萨爱国者，这有什么关系呢？任何人的祖国都是由最初的一次征服确定的，因此总有可能通过同样的方式来重新确定。一个人以损害外邦人来报效祖国，并不比以损害本国人来报效自己的城市，或者以损害本市邻里来报效自己的家庭，或者按第十七章中的马基雅维利式的高论，以牺牲父亲为代价守住祖传家产更为正当。因此，"统一"祖国的意思就是把它作为已被征服（被一位国王或一个共和国从内部征服）的领土对待。而马基雅维利向法国国王提出如何守住所征服的意大利领土的建议，也正是向洛伦佐提出如何统一意大利的建议。从表面上看，新君主是在为自己征服领土。

新君主要具备些什么品质？他必须做些什么？首先，如我们所见，他应该是从卑微的即无权无势的地位起家的，他不该拥有世袭的东西，就是有，也不该依赖它。他不应对任何人和物欠情，因为既然受人之恩，就要依赖他人，从最广义上说，就要依赖命运。看来新君主可能至少要依赖所征服的国家的性质，所以马基雅维利在第四章的末尾说，亚历山大守住亚洲未遇到困难，是因为亚洲人习惯于一君统治。但他接着又在第五章指出怎样才能克服习惯这种限制因素。一位君主征服了一个习惯于自由生活的城邦，不必把它世代相承的自由放在眼里，他可以而且应该摧毁这种城邦，要不就亲自去统治。命运只向君主提供机会，就像当初摩西发现以色列人受埃及人奴役，罗穆卢斯发现自己一出生就被遗弃，居鲁士发现波斯人对米底王国心怀怨恨，以及忒修斯发现雅典人流离失所之时（第六章）。这些著名的立国者有能力认识到命运赋予他们的机会——对他们来说是机会，而对他们的人民来说则是悲惨的困境。君主真幸运，发现人民已经流离失所（第六章），而无须驱散自由城邦的居民（第五章）。这意味着君主甚至可以给人民造成这样一种境况，让他们倾家荡产，使一切都归功于你，借此为自己创造机会。新君主掌握了权力，就要感激那些帮助他掌权的人，并要依赖他们吗？大可不必。新君主的盟友中不乏"三心二意的拥护者"，因为他们指望从君主那里得到好处，而如我们所见，君主与其夙敌修好就要好得多，因为他们害怕失去一切（比较第六章和第二十章）。

因此，新君主具备那种能使自己摆脱对包括习惯、本性和财富在内的最广义的遗产的依赖，并引导自己运用它以使他人依赖自己及自己的才能和美德（见第九章、第二十四章）。但美德若要实现所有这些，就必须具有一种新的含义。美德就不是像各种传统的和基督教的概念那样，去和大自然或上帝合作，而是必须本身就带有征服欲。马基雅维利向我们说明了关于美德的新旧两种含义，由此给出它的新含义。在第八章谈及阿加佐克利斯罪行得逞的那段著名的文章中，他说"我们实在不能说谋杀同胞、背叛朋友、不讲信义、没有怜悯心、没有宗教信仰是才智"。而就在下文中，马基雅维利接着却又说到了"阿加佐克利斯的英雄气概"。

我们在第十五章看到，君主必须"学会做到不仁，并且根据需要来用仁和不用仁"。马基雅维利从第十六章到第十八章都在传授这种知识。首先，关于慷慨这种美德，他毫无廉耻地说出了大实话。慷慨（即大方）要让人们注意到，以便被人看成慷慨之人，获得慷慨之名，否则毫无用处。但君主又不能以慷慨之举来获取慷慨之名，因为这样他就必须加重大多数人的税赋，才能向少数人表现慷慨，大多数人就要受到侵犯，君主自己也得节俭，于是很快又会背上吝啬之名。获取慷慨之名的正确方法是，一开始不要在乎吝啬之名。当人民看到，君主不用加重他们的负担就做成了大事，迟早会认为他对人民是慷慨的，而只对得不到他任何好处的极少数人吝啬。这样，"慷慨"一词的含义就转变成了少索取，而不是多施与。

说到残忍和仁慈，马基雅维利在第八章把实施暴行的方式分为好坏两种：好的方式是一次将暴行实施完毕，目的是为了自卫，也不是无休止地实施，而要变成对其臣民的恩惠；而连续不断、变本加厉的暴行就是实施不当的暴行。不过，

13

马基雅维利在第十七章不提这个区别，只谈到使用不当的仁慈。如果像所举例子中的佛罗伦萨人，为了避免残忍的恶名，任凭本来只需要很少暴行就可以平息的骚乱继续下去，这样的仁慈就属使用不当。骚乱会伤害到所有人，而处决罪犯只伤及少数人。就像由于少索取可以获得慷慨之名一样，君主也可以由于不经常施暴而被看作是仁慈的。

马基雅维利所谓的新君主，要求臣民对自己负担义务的方式很像基督教的上帝。在上帝看来，所有人都因原罪而获罪，因此上帝的仁慈就表现在少施恩惠多免除惩罚。读者如果抱有这种思想，对马基雅维利接下来讨论君主受人爱戴和被人畏惧哪样更好就不会感到奇怪了。君主最好是既受人爱戴，又被人畏惧，但如果必须二者择一，那么被人畏惧就要好些，因为人们在于己有利时就爱戴君主，而在于君主有利时就畏惧君主。朋友可以背弃你，但对惩罚的畏惧永远不会放弃你。如果君主要避免被人仇恨，只要不攫取他人的家产就可以做到，"因为人们对父亲的死记不住，但对家产的丧失却是刻骨铭心的"。这样，君主就因不做伤害臣民的事情，而不是因他施与恩惠而使臣民对他感恩戴德。

马基雅维利在第十八章中说，一位君主如果能够守信，确实值得称颂，但凡是成就大业的君主都是通过欺诈和背信来获得成功的。君主必须学会利用人的兽性，或者更确切地说，学会利用各种野兽的本性，因为人是一种可以学做多种野兽的动物,他必须知道如何学做一只狐狸和一头狮子。人们不会对你守信,你怎么能对他们守信?马基雅维利似乎要说,政治几乎就是违背诺言的同义词,因为情况在变化,产生了新的需要,所以人们不可能再信守诺言。问题只是,不信守诺言可以不受惩罚吗?马基雅维利的回答是言之凿凿的肯定。他扩大了讨论的范围,谈到了五种道德品质,尤其是宗教信仰。他说人们是通过表象来判断事物的,而且当一个人通过表象进行判断时,"要看其结果如何"。结果就是结局或效果,如果一位君主征服并守住了一个国家,他采取的任何手段都会被看作是冠冕堂皇的。既然马基雅维利刚刚强调了君主必须看起来有虔诚的宗教信仰,我们就可以把人民对成功的君主的态度与他们对天意的信赖相比。人民认为世事的结局都是由上帝的旨意决定的,因此断定上帝采用的手段不可能是卑鄙的。在君主可以把这种天意观念用于自己的目的的限度内,马基雅维利在这里表达的见解既是对这种观念巧妙的非难,也是对这种观念巧妙的赞赏。

据马基雅维利说,要准确说明什么是美德并不容易。显然,他不说经典的和基督教传统意义上的美德,也不跟着同时代其他任何作家人云亦云。他对美德赋予的新义似乎是旧义上的邪恶与美德审慎或训练有素的结合。在他看来,美德不是邪恶的两个极端之间的中间状态,像亚里士多德所说的道义上的美德,如我们所见,在第十五章提出的十一种德行

（与亚里士多德提出的德行数量相同，但并非都是同样的德行）与十一种恶行相对。由此我们可以断定，如果为了德行而实施德行，德行本身是不会闪光的。说得更确切些，德行就要产生效果，它的真实就是有实效的真实，并且只有当人们看到它与其对立面形成鲜明对比时才有实效。只有当人们以为会碰到吝啬（或贪婪）、残忍和畏惧时，慷慨、仁慈和爱戴才能给人以深刻印象。这种对比就使美德昭彰，使君主获得有德之名。如果是这样，那么马基雅维利赋予美德的新含义是一种利用了恶的含义，不可能完全取代旧含义，而要以某种方式继续与旧含义共存，按照这种含义，美德受到邪恶的冲击。

新君主还必须建立自己的基础。尽管征服的目的是为了自己，但君主不可能事必躬亲，他需要别人帮助。但在寻求帮助时，他必须考虑到各城邦中存在着两种"不同的情绪"：一种是民众的情绪，民众不想受贵族的支配和压迫；一种是贵族的情绪，贵族想支配和压迫民众（第九章）。对于这两种情绪，君主应该选择民众的。民众容易得到满足，不会积极地起来反对他，而且人数众多，不可能斩尽杀绝，而贵族则自视与君主同类，有能力并且时刻准备谋反君主，但他们是可取代的。

因此，君主应该与民众联合起来对付贵族。但是他应该怎样获得民众的支持呢？马基雅维利举塞扎尔·博尔吉亚的行为为例，因他所建立的基础而对他大加赞赏（第七章）。塞扎尔征服了罗马尼亚地区后，即委任雷米·道尔科（实际上是一个西班牙人，名叫堂·雷米罗·德·洛尔卡）到那里清除不愿归顺的贵族。后来由于塞扎尔觉得雷米的权威过于强大，而且让他这样行使权力可能会使自己遭到人民的仇恨，因为毕竟雷米是依照他的意图行事，于是他就把这个清除别人的人也清除掉了，在切塞纳的广场上把雷米斩成两段示众。这个场面让民众"大快人心，同时也胆战心惊"，然后塞扎尔就在罗马尼亚建立起比较法治化的统治。这个教益就是：法治化统治是可以实现的，但只能从非法治化的统治开始。

在第九章，马基雅维利讨论了"平民君主"这种通过民众支持获得的君主权。他举了斯巴达"君主"纳比斯为例。在《论提图斯·李维》一书中，此人由于对其竞争对手犯罪而被马基雅维利称为暴君。在第八章中，马基雅维利分析了这种通过犯罪获得的君主权，列举了阿加佐克利斯和奥利弗罗托，这两个人尽管都是罪行累累，却深受民众欢迎。随着对这两章内容的深入思考，人们越来越难分清通过犯罪获取君主权与借助民众支持获取君主权两者之间的区别。无疑，塞扎尔·博尔吉亚、阿加佐克利斯、奥利弗罗托和纳比斯似乎都采取了同样的以伤害贵族来取悦民众的政策。最后，马基雅维利却又在第十九章指出，君主终究不必得到民众的支持。即使他被人民仇恨（因为事实上他不免要被人仇恨），他也能像罗马皇帝塞维鲁一样，依赖自己的军队（亦见第二十章）。塞维鲁就有这样的能力，马基雅维利令人不易觉察地把他比作第七章提到的塞扎尔·博尔吉亚，说他能让民众"胆战心惊"，让士兵"心满意足"。

新君主要拥有自己的军队，不依赖雇佣军和外部援军。与传统的政治科学相反，马基雅维利把君主应建立的法律略去不谈，这是因为，据他所说，"在军队一点不得力的地方就没有严明的法律，而如果军队得力，法律就理所当然地会严明"（第十二章）。他在第十二章到第十四章谈及君主的军队，在第十四章，他声称，君主除了战争之道外，不应再有其他目的和想法。君主必须拥有武装，因为让拥有武装的人服从没有武装的人实在有悖常理。马基雅维利这个简短的评论，似乎是要摈除传统政治科学的基本原则，即智者规则，也不提基督教关于温顺者将获得世界的允诺。

马基雅维利的意思并不是说武力最强的人就总会得胜，因为他把战争之道扩大到获取武装以及使用武装的方法。一位君主没有军队但懂得战争之道，也会战胜拥有军队但不懂战争之道的君主。所以拥有武装也意味着要懂得战争之道，要在和平时期进行训练，要研读古代杰出的军事统帅们的传记。关于这一点，马基雅维利提到了色诺芬的《居鲁士传》（实际上是《居鲁士所受教育》），据他说，这是《君主论》所属的"君主典范"文献中第一本也是最好的一本著作。但是他把它称作传记,而不是君主的典范,并说它使古罗马将军西庇阿获益匪浅,不过他在第十七章又批评此人过于仁慈。马基雅维利建议君主去读的,不是关于理想共和国和君主国的书,也不是关于法律的论著,而是关于战争的历史。

最后,新君主拥有自己的军队,也就掌握了自己的命运。马基雅维利呼吁建立"自己的军队"的更深层的含义带有宗教色彩,或者更确切地说,带有反宗教色彩。如果人作为上帝的创造物对上帝负有义务,那么人自己的需要与他最紧迫的义务相比,就处于次要地位,甚至说处于无关紧要的地位。他就是做不到公正也没有关系,因为是上帝命令他这样做的!所以马基雅维利必定着眼于同时也身为先知的新君主,尤其要着眼于摩西。摩西"只是上帝命令的忠实执行者"(第六章),因此他应该因拥有能与上帝对话的恩宠而受到称颂。或者应该如马基雅维利在第二十六章所说,摩西具有"聪明才智",即那种使君主只需依赖自己的美德。在第十三章,马基雅维利为了说明君主拥有自己军队的必要性,复述了《圣经》上大卫与歌利亚作战的故事。扫罗把自己的武器给大卫,大卫拒绝了,按马基雅维利的话说,大卫说,使用扫罗的武器,他不能大显身手,而按《圣经》所说,主"必救我脱离这非利士人的手"。马基雅维利也交给大卫一把刀和投石器,而按《圣经》所说,这把刀是大卫从倒下的歌利亚手中夺得的,用它割下歌利亚的头。

那么新君主（真正的新君主）必须是自己的先知，并且要创立一个新宗教，以便主宰自己的命运吗？在摩西和大卫所创立的事业中，在马基雅维利自己所处的时代和城邦里的萨沃那罗拉几近完成的事业中，我们可以感觉到宗教的强大威力。萨沃那罗拉这位在第六章中受到马基雅维利贬抑的没有武装的君主，实际上掌握着战争之道必需的强大武器。没有武装的先知，若是为自己的目的而不是按照上帝的旨意来利用宗教，那就等于拥有武装，而且，由于君主若不为他的国家带来秩序，就不能为自己获得荣誉，因此他为自己的目的利用宗教，也就是利用宗教普遍地满足了人类的需要。

《君主论》的最后三章谈到人能在什么程度上营建自己的世界这个问题。命运对马基雅维利的政治科学（或战争之道）有哪些限制？在第二十四章的末尾，他责备"我们当代的这些君主"身处困境就责怪命运，却不责怪自己碌碌无为。他们在和平时期不未雨绸缪，他们应该做到这一点，因为他们能够做到。他们认为人民会憎恨外来征服者的傲慢，会重新扶这些君主们上台。但是，"人不应该因估计会有人过来扶他就让自己摔倒"。不论是否奏效，这种防御都是下策，因为它依靠的不是你及你的美德。

马基雅维利以这种对人类能力的美好展望作为第二十五章讨论命运的开头。他一开始就发问，世界上的事情有多少是受命运和上帝支配的，有多少是由人支配的。接着他推定，有一半是由命运支配（忽视了上帝），另一半由人支配。他还把命运比作洪水泛滥的大河，但可以用堤防和水坝来抵御。具体到人，马基雅维利指出，抵御命运影响的困难就在于在和平时期急躁冒进以求成功的人的无能，或在战乱时期谨小慎微以求成功的人的无能。人由于本性难移，习惯难改，不能随着时势的改变而改变，因此就要受时势、受命运摆布。马基雅维利指出，人的本性难移是特殊问题，于是克服命运影响的问题就归结为克服各种人类本性不变性的问题。人的本性难移，就使人容易遭受命运改变的危害。教皇尤利乌斯二世所以获得成功，是因为他的大胆泼辣的本性顺应了当时的时势，要是他活得更长些，也会遭到厄运。马基雅维利指责他没有灵活性，这就是说，他或者我们其他人都不必恪守上苍赋予我们的本性或习性。

除了顺应时势或局势的灵活性外，马基雅维利所揭示的美德还有什么新的含义呢？到目前为止，尽管人应该学会既能大胆泼辣，又能小心谨慎（可推及所有其他相互对立的品质），但总的来说，人还是大胆泼辣地行事为好。命运像是"宁愿被干事大胆果断的人征服，而不愿被沉稳冷静的人征服"的女人，因此她是青年人的朋友。马基雅维利把新君主的政事比作强暴妇女，干事本就大胆泼辣的他，迫使我们去思考他所提出的关于道德观地位的问题。不过，关于妇女地位，他是否说出了他似乎要说的话，可能受到怀疑。制服命运女士的青年人来时气势汹汹，去时却精疲力竭，而命运女士却青春永驻，等待后来者。可以谨慎地说，人们也许甚至想知道到底是谁在强暴谁，而且想知道已把命运拟人化了的马基雅维利，能否在他试图创立的现代政治学的领域中使她人格化。

小哈维·C. 曼斯菲尔德

# 尼古拉·马基雅维利致
# 伟大的洛伦佐·德·美第奇

大凡想得到君主宠幸的人,都喜欢带上自己最珍贵的东西,或者自以为最能让君主感到高兴的东西前去自荐。因此我们经常看到有人向君主进献与其威严相称的马匹、兵器、金线锦缎、宝石以及类似的饰物。我也想向殿下表示我的敬意,但在我的全部家当中,除了我对历史上一些杰出人物行为的知识外,再没有我所喜欢的有价值的东西了。我对这些杰出人物行为的知识,是从近代历史事件长期发展的经历中,并通过经常阅读古代典籍得知的。我对这些知识进行了长期而细致的思考,现在得以把它们浓缩到一本小书之中,呈送给殿下。虽然我认为这本书不值得殿下去读,但鉴于我没有什么贵重的礼物,只能向殿下提供一种方法,使您能在短时间内领会我这么多年历尽艰辛并且不顾个人安危而明白的这些道理。您的仁慈让我深信您会接受其中有益的东西。在这本书里,我没有充塞历时漫长的事件,没有使用华丽和夸张的辞藻,也不像许多人那样,对自己的书另加粉饰和美化,因为除了题材的新颖及其重要性外,我不指望有什么东西能给它带来奖赏和名誉。我也不希望有人说我地位卑微竟敢自以为是,但我敢谈论君主的统治,并且由此提出准则。因为就像画家画风景画一样,要观察山峦和高地的风景,就要身处地势低的平原,而要更清楚地审视地势低的地方,就得站在高处。同样,要充分了解人民,最好身为君主,而要充分了解君主,就最好身为民众。因此,请殿下以与我呈送这份小礼物所怀的同样心情收下它吧。如果您专心地阅读和思考,就会发现,我多么希望您能得到命运及您的其他品质向您预示的尊严。如果殿下从顶峰上偶尔将目光转向这些低微的地方,您就会知道,我是多么屈辱地承受着厄运沉重而连续不断的打击啊!

第一章
君主国的种类及获得君主国的手段

自古以来,所有对人拥有统治权的国家和领地,不是共和国,就是君主国。有些君主国是世袭制国家,其统治者家族世世代代掌握着统治权,还有一些是新兴的君主国。这些新君主国,要么整体上是新的,像弗朗切斯科·斯福尔扎[1]的米兰,要么作为成员附属于一个世袭制国家,这个国家的君主是其征服者,像附属于西班牙国王[2]的那不勒斯王国。在这样被征服的这些领地中,有些曾习惯于在一个君主统治下生活,也有些曾享有自由。而这些君主获得这些领地,不是靠别人的军队,就是靠自己的军队,而这就靠命运或才智了。

# 第二章
## 世袭君主国

我要把共和国撇开不谈,因为我已在别的书[3]中充分论述过它。我只讨论君主国,按照上面拟定的大纲来铺叙,并对这些君主国能够实行统治和维持统治的方式进行讨论。我认为,在习惯于服从其君主家族统治的世袭国家里,维持统治要比新兴国家容易得多。因为在这些国家,君主对祖宗立下的规矩,不超越,也不违犯,至于其他,则依实际情况来定,这样就足能维持统治。因此,如果这样的君主具备一般的治国本领,那么只要不遭到太强的势力攻击,就能稳坐江山。即使被人赶下台,一旦占领者有了麻烦,他又能够卷土重来。

例如我们意大利的两位费拉拉公爵，要不是因为他们统治这个国家历史悠久，1484年就抵抗不了威尼斯人的进攻，1510年也抵抗不住教皇尤利乌斯二世的进攻。[4] 因为这些自然即位的君主既没有那么多缘由，也没有必要去伤害他的臣民，所以必定更能受到臣民爱戴。之所以有些恶行也未能招致臣民仇恨，原因就是臣民想得到他的庇护。由于世袭权力古老悠久，世代相传，加之人们对其起源的怀念，这就使江山易主失去理由，而每次动荡都会为下一次动荡打下基础。

# 第三章
## 混合君主国

在一个新的君主国里就存在着许多纷争。首先，如果不是一个全新的君主国，而是另一个君主国的一部分，即是其中一个成员，这种君主国就可以整体地称作混合君主国。在所有这种新君主国中，都肯定存在着一种固有的纷争，它是引起这些君主国动荡不安的首要因素。这就使人们自行更换君主，总希望能遇上更好的君主。这种信念导致人们拿起武器反对统治者。人们上了这种信念的当，因为后来根据经验认识到，这使情况变得更糟。还有一种纷争属于另外一种自然的常见的不可避免的情况，那就是新君主由于派军队进驻，或进行新的征服时产生的其他大量暴行，不可能不伤害他要统治的人，最终他发现，自己已经与在占领这个国家时烦扰过的一切人为敌。而对于那些帮助过他征服这个国家的人，由于他既不能按他们预期的那样奖赏他们，又不能对他们采取强硬措施（因为他们有恩于他），因此也做不到与他们友善相处。因为，不管君主拥有多么强大的军队，但要占领一个地区，总归需要得到当地人民的拥护才行。路易十二正是由于这些原因，虽然轻易地占领了米兰，但失去得也快，而且意大利人第一次从他手中夺回米兰，只需卢多维科·斯福尔扎的力量就够了。因为向他敞开国门的当地人民对他所抱的希望破灭后，无法容忍这位新君主的欺压。

确实，君主要是再次征服发生过反叛的国家，就不那么容易丧失了。因为，如果统治者决心要通过惩罚罪犯来保证他的安全，他就会利用发生叛乱的时机来找出可疑分子，并加强薄弱之处。因此，如果说意大利人第一次从法国手中夺回米兰，只需卢多维科公爵在边境上发动骚乱就行，那么要再次从法国手中夺回米兰，整个世界就必须联合起来抗击法国，打垮法国军队，把它逐出米兰才行，原因如上所述。不过意大利人还是两次都把米兰从法国手中夺回来了。法国第一次失去米兰的一般原因已经说过，现在就通过揭示法国国王所采取的补救措施，或者说另一位君主如果处在同样的境地，为了比法国更能在被征服的地方站住脚，所能采取的补救措施，找出法国第二次失去米兰的原因。

依我说，那些被一个历史更为悠久的国家征服吞并的国家和地区，其民族和语言要么相同，要么不同。如果民族和语言相同，就容易保住它，尤其是如果这些国家的人民不习惯于自由生活，就更是如此。而要高枕无忧地占有这些国家和地区，只要把原君主的家族斩尽杀绝就行，因为，至于剩下的臣民，如果让他们保留原有的特权，生活习俗又一点不变，他们就会安分守己地生活，正如我们所见到的勃艮第、布列塔尼、加斯科尼和诺曼底等地区一样。这些地区归属于法国国王的统治这么久，就是因为尽管语言上有点差异，但人民的生活习俗相似，因此相互适应很容易。这种国家的征服者，如果要想永久地占有它们，就一定要注意两件事：一是要灭绝原君主的家族；二是对这些国家的法律和税制不做任何变革。这样这些新国家很快就能与老君主国连成一体。

然而，如果所征服的国家由不同语言、习俗以及政体的民族构成，事情就不好办，此时就要靠命运垂青，并且要有强有力的手腕。一个最迅速有效的手段，就是征服者亲自移居到被征服的国家，这样才能比较安定持久地占有它。土耳其人就是这样做的。就他们在希腊为维持统治所采取的措施来说，假如他们不在当地定居，就绝对不能维持下去。因为，君主在当地居住，叛乱的苗头一出现他就能发现，从而及时把它扑灭。但是假如不是身临其境，那就只有在叛乱闹到不可收拾时才能知道。此外，国家也不会怎样遭到大臣们的掠夺，因为属民容易向君主求助，[5]并得到满足。用这种方法，如果君主愿意善待属民，他们也有更多的机会向他表示爱戴。如果君主不愿意善待属民，他们对他也能感到敬畏。外国势力要想侵犯这个国家，也得掂量再三。所以，如果君主居住在被征服国，别人要想从他手中夺去它就更不容易了。

另一种好办法是向被征服地的一两处可起到羁绊[6]作用的地方派遣移民，因为如果不这样做，就必须派驻大量骑兵和步兵。要是移民，君主花费就不多，派遣和安顿他们可以不花钱，或花钱很少，而且只损害被他夺走土地和房屋送给新居民的那些人，这部分人只占这个国家人口的很小一部分。而他所损害的这些人，由于居住分散，一贫如洗，绝不可能对他构成威胁。而其他人，由于没受到侵犯，不但仍然保持沉默安分，而且还小心翼翼，以免惹火烧身。总之，这些移民由于没花任何代价，对君主就更加忠诚，也不会过于伤害当地人。而那些财产被剥夺的人，我已经说过，由于穷困和分散，形成不了危害。由此我们应该记住，君主对人要么安抚，要么就将他们杀掉，因为它们会为小小的伤害而进行报复，而对于严重的伤害，他们就无法报复了。因此，伤害人就必须伤到不用担心他会进行报复这种程度。但是，如果君主不是派遣移民，而是派驻军队，花的代价就要大得多，因为他要为驻军花费这个国家的全部财政收入，使他得失抵消，无利可得。况且他对当地人民的伤害也更严重，因为军队的调动和驻防会对全部人民造成伤害。由于这种侵犯使人人都深受其害，结果人人都成了他的敌人，而且这是能够伤害他的敌人，因为他把他们打败后，还让他们留在当地。所以无论如何，武装占领的方法不如移民的方法那样奏效。

如果君主占领的是其民族与本国不同的地区，他就要像人们所说的那样，还要充当这个地区内那些不太强大的邻国的首领和保护人，尽力设法削弱那些势力强大的国家，并要绝对防止比他强大的外部势力采取任何手段入侵这个地区。某些人出于怨恨，或出于贪欲，或出于害怕，总会发生让外敌入侵这种情况，就像以前发生的埃托里亚人[7]让罗马人进入希腊的情况一样。当时，在罗马人可能到过的其他任何地区，都是当地人让他们侵入的。事情就是这样，一旦有强大的外部势力侵入一个地区，该地区所有想摆脱现已统治它们的强大势力的弱小国家都与这股外部势力联合起来，因而要想赢得这些弱小国家的支持并不费力，因为它们会立即全部联合起来，与他在这个地区所征服的国家结成集团。他要考虑的只是不让它们获得太大的力量或威望，并且很容易依靠它们的力量和支持来削弱那些强国，以便在此地区只有他一个主宰。谁如果不认真做到这一点，已经到手的东西又会很快失去，而且在占领期间，也会遇到许多困难和麻烦。

从罗马人的所作所为，我们可以发现，他们对所有这些问题都认识得十分清楚。他们派遣移民，扶持弱国，但不让它们增强国力；削弱强国，同时绝不让外部强大势力在这个地区站稳脚跟。这里我只想以希腊为例。罗马人扶持埃托里亚人和亚加亚人，削弱马其顿王国，驱逐安条克。埃托里亚人和亚加亚人功绩卓著，但罗马人从不允许其中任何国家发展壮大。菲利普的劝说未能使罗马人与他结盟，不去攻击他；安条克势力强大，也不能迫使罗马人让他在这个地区控制住一个国家。所以罗马人在这种情况下所做的正是明智的君主所应该做的。明智的君主不仅应该注意正在发生的骚乱，还要注意将会发生的骚乱，并要充分发挥他们的聪明才智来防止这些骚乱发生。由于预料得早，补救就容易。如果等到这些骚乱已经发生再去采取措施，就为时已晚，无可救治了。这种情况就像患痨病热的病人，按医生的话说，这种病初起时容易治愈，却难以诊断，而如果既不诊断，又不治疗，久而久之，就会虽容易诊断却难以治愈了。

  国家的事务亦是如此，由于早早预料到弊病的发生（这也只有贤明的君主才能做到），就能迅速消除它们，但是如果由于没有发现这些弊病，而让其发展到人人都能看得见的地步，那就无法消除了。因此，罗马人预见到弊病，总是把它们消除掉。他们绝不会为了避免战争，就让这些弊病继续发展下去，因为他们知道战争不可避免，延迟只会对对方有利。罗马人希望在希腊与菲利普和安条克开战，以免把战火引向意大利，尽管当时两者都可以避免，他们也不愿意。他们从不欣赏现代许多贤哲口中常说的那句话：要享受天时之利，而宁可得益于聪明才智。因为时间驱赶着一切，带来福时，也带来祸，而带来祸时，也带来福。

现在让我们回过头来看法国，看看法国人的所作所为是否有如上述。我不说查理国王，而只说路易十二，因为他在意大利的领地维持的时间较长，所以从他所做的事情最能了解到他所采取的措施，而且可以看到，他所做的事情与一位君主要在不同于本国的地区维持统治所应该做的事情有多么不同。

路易十二入侵意大利是威尼斯人的野心导致的。威尼斯人想借助于路易十二的入侵来攫取伦巴底一半的领地。我并不是指责路易十二的这个行动，因为他既然想入侵意大利，却又没有盟友，相反却由于查理国王的行径，意大利的各种势力都将他拒之门外，所以他就不得不竭力寻求盟友。他的决心既下，要不是其他阴谋败露，他的计划也许会成功的。于是路易十二在征服了伦巴底之后，很快又获得了查理国王失去的威望。热那亚投降了，佛罗伦萨与他结盟，曼图亚侯爵、费拉拉公爵、本蒂沃利奥、弗利夫人以及法恩扎、佩萨罗、里米尼、卡梅里诺、皮翁比诺等地的领主们[8]，卢卡人、比萨人、锡耶纳人，都开门迎接他，拱手称臣。这时，威尼斯人才意识到了自己的愚蠢行为：为了自己能占据伦巴底的两个城市，竟让法国国王当上了三分之一意大利的领主[9]。

我们都来细想一下,假如这位国王遵照了我们在上面提出的准则,假如他能保护他的盟友,他想维护他在意大利的威望该是多么容易。因为他的这些盟友大多数都是弱小国家,其中有的害怕教皇,有的害怕威尼斯人,所以总是不得不站在他这一边。依靠他们他就容易防备其他强敌。可是,当法国国王刚刚攻进米兰,就一改以前的做法,竟支持教皇亚历山大占领罗马尼亚,没想到此举正好削弱了自己的力量,已经投向自己怀抱的朋友也离他而去。教廷的宗教权力已有那么高的权威,而他又使宗教权力增添了世俗势力,这就使教廷更加强大。

当法国国王犯下这第一个错误,以后就不得不沿着错误的道路继续走下去,以致为了阻止亚历山大的野心,同时又怕他控制托斯卡纳,这位国王又不得不返回意大利[10]。他不光使教廷强大起来,赶走了盟友,还为了得到那不勒斯王国,与西班牙国王一起来瓜分它。他已经先控制了意大利,这时却又去找一个伙伴来分享,结果所有对这个地区怀有野心的人和对他不满的人,都去求助他的这个伙伴。他本可以在这个王国扶植一个向他朝贡的国王,却要除掉他,另找一位能够驱逐他自己的国王。

君主有征服欲的确非常普遍,也合乎情理。每当他们有机会,都会这样做,并会被人们赞扬,至少不会受到指责。但是,如果他们没有能力这样做,却要尽力去做,那么就是错误，就要受到指责。因此，如果法国势力强大，能入侵那不勒斯，他们就可以这样做；如果他们没有能力，他们就绝不该去瓜分那不勒斯。如果说法国国王与威尼斯人瓜分伦巴底，是想通过这种方法在意大利立足，这还情有可原，而瓜分那不勒斯王国就该受到指责了，因为他没有理由非这样做不可。这样路易十二就犯了五个错误，即他灭掉了弱国，使一个强国在意大利领土上的势力增强，让外部强势力进入意大利，[11]不亲自移居意大利，也不派遣移民。但假如他不犯第六个错误，即侵占威尼斯人的国家，前五个错误至少在他生前还不会对他造成损害，因为他如果不使教皇变得那么强大，也不让西班牙在意大利立足，那么削弱威尼斯人的国家，理由就充分，也有必要。但是在采取了前几个步骤之后，他就绝不该赞成把它们灭掉，因为这些小国家的势力要是还像以前那样强，就总能阻止其他国家轻举妄动进犯伦巴底。因为威尼斯人自己若是不能成为伦巴底的主人，是绝不会同意其他国家这样干的。其他人也不会把它从法国人手中夺过来送给或尼斯人，他们不愿冒受两方夹击的危险。但是，如果有人说，路易十二把罗马尼亚让给教皇，把那不勒斯让给西班牙人，是为了避免战争，我就用上述理由来回答，人们绝不该为了防止战争而让危险的动乱发生，因为那样他们就躲避不了战争，延迟战争只对己不利。而如果还有什么人想援引法国国王对教皇许下的诺言，说他是按照教皇的要求这样做的，以换取教皇宣布废止他的婚姻的谕旨和鲁昂大主教的职位，[12]对此我将在后面说到君主的信义以及他们应该如何守信义时回答。因此路易十二就是由于一点没有吸取征服了一些地区并想守住这些地区的人所应吸取的那些教训，因而失去了伦巴底。但这也没有什么可奇怪的，这事合乎情理，也很常见。我在南特与这位鲁昂红衣主教谈到过这个问题，当时亚历山大教皇的儿子，被人称为瓦朗斯公爵的塞扎尔·博尔吉亚正要攻占罗马尼亚。这位鲁昂红衣主教对我说，意大利人对战争一窍不通，我反驳说法国人对政治一窍不通，要是他们懂得政治的话，就不会让教廷变得这么强大。我们根据经验知道，法国人在意大利使教皇和西班牙壮大起来，却毁了自己。由此得出一个颠扑不破或很少出错的普遍规律，即谁要使别人强大，谁就自取灭亡。因为这种强大是他用手腕或者武力助长起来的，而这两者都是令那些变得强大起来的人惧怕的。

## 第四章
## 被亚历山大占领的大流士王国
## 在亚历山大死后不反叛他的继承人的原因

亚历山大大帝在刚完全占领亚洲并成为亚洲的主宰后没有几年就去世了,我们似乎有理由认为,这时所有国家都会起来叛乱,可是亚历山大的继承人们却坐稳了江山,除了他们自己的野心所产生的障碍外,没有任何障碍。任何人要是考虑到守住刚被征服的国家所遇到的困难,都会对这一点感到不可思议。

对此我回答说,所有有史记载的君主国都是以两种不同的方式统治的:一种是由君主带着一帮人实行统治,这帮人是他的奴才,得到他的恩宠和允许,作为其大臣来管理王国;一种是由君主和一些大贵族共同统治,这些大贵族不是由于君主的恩宠,而是由于血统关系获得他们的地位的。他们拥有自己的领地和属民,属民把他们视作领主,对他们怀有自然的感情。而由君主一人统治的国家,君主享有更大的威权,因为在整个国家,只有他被视作帝王,其余人都是他的奴仆。有些人虽也处于支配人的地位,那是因为他们是君主的大臣和官员,但人们对他们并不怀有特殊的感情。

在我们这个时代,这两种统治方式的例子有法国国王和土耳其苏丹。土耳其苏丹的整个国家都由他一人统治,其他人都是他的奴隶。他把王国分成若干个县,派一些总督去管理,他根据自己的好恶任免他们。而法国国王身边有一大群大领主,他们拥有特权和爵位,自古以来在这个国家就得到其属民的公认,并受到他们的爱戴,国王要剥夺他们的特权和爵位不能不遇到麻烦。我们如果对这两种统治方式仔细分析就会发现,土耳其苏丹的领土很难侵占,但是一旦占领了一片领土就容易站稳脚跟。难以侵占的原因是,想侵占的人不是由这片领土上的君主召来的,也不应该指望苏丹身边的人发动叛乱,他好更容易获得成功。倒是由于前面所说的原因,出现以下情况:由于人人都是苏丹的奴隶和受恩人,收买他们就不那么容易,即便能收买,也不能指望从他们那里得到多大援助,因为由于我们说过的原因,他们不能把人民吸引到自己的身边。因此想攻击土耳其苏丹的人，肯定要面对一股团结的力量，因此要依靠自己的军队，不能靠敌方发生骚乱。但是，土耳其苏丹一旦战败，就无法重新积聚力量，那么除了君主的家族外，就没有什么可担心的了。再把他的家族斩尽杀绝，就不用害怕任何人了，因为其他奴仆对人民没有一点威权。征服者在获胜之前不能指望他们，同样，在获胜之后也不必害怕他们。

而像法兰西这样统治的王国，情况就完全不同，不费什么劲就能侵犯并战胜王国中的某个贵族，因为总有许多心怀不满和要求变革的人。由于上述原因，这些人可能为你打开侵入这个国家的门户，大力支持你去征服它。但是以后要想守住它，却会遇到无穷无尽的障碍。这些障碍有的来自曾经追随过你的人，有的来自受你压迫的人。仅仅灭绝君主的家族还不够，因为总还有一些领主来充当新首领，而且由于你不能满足他们的要求，又不能把他们彻底消灭，因此，他们一有机会就会把你所得到的领地全部夺走。

现在，如果我们仔细考察一下大流士的王国统治方式的性质，就会发现它与土耳其苏丹的统治方式相似。亚历山大开始征服时也遇到了有力的抵抗，但在战役中打败了他们。亚历山大在获得胜利之后，大流士也死了，这样由于上面我们已经分析的原因，这个国家就稳稳地掌握在亚历山大手中。假如他的继承人们愿意相安无事，他们就可以不费多大劲稳坐江山。因为在这个地区，如果他们自己不内讧，就不会有其他纷争。

但是，在结构像法兰西这样的国家，就不可能如此享有太平。在西班牙、高卢以及希腊那里就曾发生过反对罗马人的叛乱，因为这些国家中君主林立，只要当地人仍然怀念这些君主家族，罗马人就不能坐稳江山。只是由于罗马帝国长盛不衰，而且势力强大，渐渐地消除了当地人民对原君主的怀念，罗马人才成了这些国家无可争议的主人。以后他们之间尽管内讧不断，但仍占有这些国家，每个人都根据他所掌握的权力拥有其中的一份。这些国家的人民，由于前君主的家族都已被斩尽杀绝，因此就只承认罗马人为他们的君主。

对这些历史事件这样一分析，我们对亚历山大大帝为什么能那么轻而易举地守住亚细亚帝国，而其他人（如希腊的埃皮鲁斯国王皮勒斯等人）要保住他们所得的领土却很不容易，就一点不会感到不可思议了。因为这种情况并不总是由征服者的势力大小决定的，而是由其属民之间的差异决定的。

## 第五章
## 君主应该怎样统治在被征服之前按照他们的法律生活的国家

如果被征服的国家像我所说过的那样，是按照他们自己的法律自由地生活的，那么君主对它有三种维持统治的方法：第一种方法是摧毁这些国家；第二种方法是亲自移居到这些国家；第三种方法是让他们仍然按照自己的法律生活，由与他保持亲善的少数人组成政府，只要向他纳贡就行。这少数人的地位是君主给的，所以他们清楚地知道，没有君主的势力和恩宠，他们的地位是保不住的，因此知道必须竭尽全力来保住他们的地位。当然，如果君主不想毁灭一个习惯于过自由生活的城邦，那么他要控制住它，靠城邦居民自己要比用其他方法好得多。

我们举斯巴达人和罗马人为例。斯巴达人通过委派少数人统治来守住雅典和底比斯[13]，但最终失去了它们。罗马人为了守住加普亚、迦太基和努曼提亚，把它们全都夷为平地，[14]因而没有失去它们。而罗马人想完全像斯巴达人所做的那样来统治希腊，给希腊人自由，保留希腊人的法律，但是结局并不妙，他们最终不得不摧毁该地区的几座城市来维持住他们的统治。因为说实话，占据一个地区最有效的方法莫过于把它夷为平地。谁要当一个习惯于自由生活的城邦的统治者，而不把它摧毁，那就是自己坐以待毙。因为这个城邦的人民在发动叛乱时，总要以维护自由和传统习惯为理由。自由和传统习惯是不会因时间的流逝或君主的恩惠就被人遗忘的。无论君主在那里干了些什么，给了什么好处，如果不把当地人民赶走，或者把他们驱散，他们就不会忘记自由和那些传统习惯，一有机会马上就会求助于它们。比萨沦为佛罗伦萨的附庸百年之后，还发生过这样的情况。

但是，如果这些城市或民族已经习惯于在某位君主统治下生活，已经习惯于俯首听命于君主，一旦这位君主的家族突然被斩尽杀绝，而人们在失去了旧的君主之后，又因意见不一致而不能从内部推举出一位新君主，于是就生活在自由状态下，茫然不知所措，难以迅速地拿起武器抵抗外敌，所以君主征服并控制他们都很容易。而共和政体的国家生命力较强，人民的仇恨较深，复仇欲望也较强烈。他们对以前的自由生活不能忘怀，不能安分守己，因此最有效的征服手段就是把他们彻底消灭，要不君主就亲自移居到那里。

第六章
关于靠自己的军队
和才智获得的新君主国

说到君主和国家都是全新的君主国，我要举一些很重要的例子，希望不会有人感到惊奇。因为既然人们几乎总是沿着别人开辟的道路行进，都是仿效别人来处理自己的事务，却又不能在所有事务中都按照前人的最有效的方法行事，也不能达到他们所仿效的人那样完美，那么谨慎的人就总要遵循杰出人物走过的道路，仿效那些卓越超群的人。这样，即使他们的才智达不到那么高，至少也能留下一定的名声。就像优秀的弓箭手，对弓的射程了如指掌，他若发现要射击的目标很远，就会朝比目标所在位置高得多的地方瞄准，这并不是想让箭射到这样高，而是要利用这样高的瞄准点，使箭能够射到预定目标。

我认为，谈到新君主统治一个全新的君主国，所遇到的困难是多是少，要看获得这个国家的君主其才智卓越程度如何。由于这种由平民一跃成为君主的奇迹，首先需要才智或命运，因此这两个条件中的任何一个，对排除困难似乎都只有部分作用，但最不依赖于命运的人就更能维持下去。他要获得成功，最有用的手段是，如果他不拥有其他领土的话，那就亲自移居到这个新国家。说到靠自己的才智而不是靠命运当上君主的人，依我看最杰出的要算摩西、居鲁士、罗穆卢斯、忒修斯这类人。虽然我们不该说到摩西，因为他只是上帝命令的忠实执行者，但就上帝给予他恩宠使他有资格与上帝对话这一点而言，他还是值得我们赞美的。但是，我们要是仔细研究一下居鲁士和其他一些征服过或创建过王国的人，就会认为他们都值得称颂。我们如果仔细分析他们的所作所为以及行事的独特方式，就会发现他们与拥有上帝这个伟大导师的摩西并无多大区别。通过仔细考察他们的事迹和生平，我们发现他们除了拥有机会外，没有其他的运气。机会为他们提供了内容，而他们可以提供于他们有利的形式。没有这种机会，他们的聪明才智就无用武之地，而没有他们的聪明才智，机会也只会徒然出现。

所以，摩西一定要发现以色列的人民在埃及受埃及人的奴役和压榨，才鼓动他们跟随他逃出苦海。罗穆卢斯一定是因为亚尔巴城这个他一出生就被抛弃的地方容不下他，才去创建罗马城，成为它的统治者。对居鲁士来说，波斯人对米底帝国的不满情绪和米底人因过于长久的和平生活造成的士气衰落，都是他成功的必需条件。而忒修斯，如果没有遇到四处散居的雅典人，也不可能发挥他的聪明才智。因此，这些机会使这些伟大人物幸运地获得成功，但也是因为他们拥有卓越的才智，才抓住了机会，他们的国家也因此才国力鼎盛，威震四方。

至于那些像这些杰出人物一样靠自己的智慧获得国家的人，他夺取它时历经千辛万苦，但维持统治却很容易。他们所要克服的困难，有一部分就是由于为了巩固国家并确保他们的权力而不得不推行的新法令、新习俗产生的。然而我们应该想到，最难办、最不容易成功也最危险的事情，就是大胆建立新制度。因为，建立新制度就要与所有那些能从旧秩序中获得利益的人为敌，而就在能从新制度中获得利益的人当中，也只有一些态度暧昧的拥护者。这种暧昧态度，一部分是出于害怕那些有权势的反对者，一部分是出于人们的怀疑心理，人们对于新事物，如果不是看到它们确已实现，是绝不会相信的。因此，每当反对者有机会发动攻击，他们就会纠集起来狂热地干，而其他人则消极抵抗，结果大家都和他们一起陷入险境。因此我们要想完全明白这一点，就应该看那些追求新事物的人是能够自己去做，还是要依靠别人，也就是说，要看他们成就大业是祈求别人的帮助，还是靠武力。如果是前一种情况，就总没有好的结局，结果一事无成。而如果只依靠自己，并且能够运用武力，那么就很少失败。因此，拥有强大武装的先知都是成功者，而没有武装的都是失败者。因为，除了上面所说的情况外，民众的本性是变化无常的，要他们相信某件事容易，但要使他们坚信不移却很难，因此还必须颁布严厉的法令，以便在民众不再相信的时候，能够用武力使他们相信。摩西、居鲁士、忒修斯和罗穆卢斯假如没有军队，人民就不会这么持之以恒地遵守他们的法律。在当代的多明我修会的宣教士哲罗姆·萨沃那洛拉身上就发生过这种情况，当民众看到他没有手段牢牢控制住曾经信任他的人，更没有办法让不信任他的人信任他，便纷纷不再信任他，结果他就毁在他自己建立的新秩序中。因此，这些人要妥善行事很不容易，所有危险都在前进的途中，他们必须具备足够的才智来排除这些危险。不过，如果他们排除了这些危险，开始赢得人们的尊重，消灭了那些觊觎他们地位的人，那么就能保持强盛，高枕无忧，荣誉长存了。

　　除了这些重要例子外，我再来补充一个情况类似但不太重要的例子，我希望这个例子足以代表其他类似的例子，这就是叙拉古的希埃罗。他就是从一个普通平民变成君主的，他也是除了机会之外，没遇上什么运气。因为叙拉古人民由于战争连年国难当头，于是推举希埃罗为他们的统帅，正是从此他表现非凡，作为君主他当之无愧。当他还是地位低贱的平民时，他的才智就非常卓越了。古代史家叙述到他时就曾写道："给他一个王国他就能当国王。"他消灭旧军队，创建新军队；捐弃旧朋友，结交新朋友。他与朋友和自己的士兵经常相处，所以能够奠定一个十分坚实的基础来建立他的统治。虽然他在获得王国时遇到重重困难，但维持统治却很容易。

## 第七章
## 关于靠他人的军队和运气当上的新君主

仅靠命运垂青由平民上升为君主的人，在达到这个地位时并没有遇到很多困难，但要维持住却不容易。他们一开始并不怎么吃苦，可谓是飞黄腾达，但是他们登上高位之后，各种困难便纷至沓来。凡是靠金钱或靠别人支持当上君主的，就是这样的人。古希腊的许多国家，如爱奥尼亚海岸和赫勒斯滂海峡的城邦国家，就是这种情况。大流士在这些国家立了几个小国王．要他们为他的安全和荣誉守住这些城邦。罗马帝国的某些皇帝也是如此，通过用金钱收买士兵使自己登上皇位。这些人的根基仅仅是运气和擢升他们的那些人的意愿，而这两样东西都是无法预料、变幻莫测的。这些君主不但不善于，而且也没有能力保住这个地位。说他们不善于，是因为除非他们智力超凡，否则似乎由于原来一直生活在社会低层，因而不会运用指挥权；说他们没有能力，是因为他们不拥有安全可靠并忠于他的军队。此外，突然诞生的国家，就像大自然中突然出现又生长迅速的植物一样，不可能有很深的根基和很强的结构，遇到暴风雨就被彻底摧毁。在很短时间里成为君主的人也是如此，他如果如我所说，没有很高的才智，就不知道随时准备抓住命运之神给予的东西，无法巩固在当上君主之后才打下的基础（别人是在当上君主以前就建立了这个基础）。

说到依靠才智还是依靠命运当上君主这两种方式，我想举两个我们还记得的例子：一个是弗朗切斯科·斯福尔扎，一个就是塞扎尔·博尔吉亚。斯福尔扎凭借超群的才智和得力的手段，从一个贫贱的雇佣军队长升为米兰公爵，但他千辛万苦获得的地位却很容易维持。而人称瓦朗斯公爵的塞扎尔·博尔吉亚，则是靠父亲的运气当上君主的，尽管他殚精竭虑无所不为，像圣贤一样行事，力求在靠别人的军队和运气得到的国家中牢固地扎下根，但最终还是与他父亲一起衰亡。因为一个人像我在上面所说的那样，起先没有奠定基础，以后可以运用卓越的才智来完成它，但这样建筑师的工作就比较艰巨，建筑物也更危险。如果我们愿意分析一下这位公爵的全部业绩和计策，就会发现他为以后的统治已经建立了坚实的基础。虽然我在上面谈了一些，但我不打算结束话题，因为对君主来说，除了这位公爵的事例外，我再也找不到更好的教训了。虽说他采取过的手段最终都不奏效，这也不是他的过错，而是他的命运极差所致。

教皇亚历山大六世要让其子瓦朗斯公爵当上大领主，障碍重重。这些障碍有的是原来就有的，有的是后来产生的。首先，他无法把教会以外的领地授予他的儿子。然而，他也明白，就是打算攫取教会的领地，威尼斯和米兰公爵也绝不会答应，因为法恩扎和里米尼长期以来就已经在威尼斯的保护下。此外他还看到意大利的各派势力（这是他本来可以利用的势力）正被可能担心教皇强盛的那些人掌握着，即全都在奥尔西尼家族、科隆纳家族及其同伙手中，因此他不能依赖这些势力。他必须打破这种格局，在这些势力之间造成不和，以便可靠地控制其中一部分势力。这很容易做到，因为他发现威尼斯人由于另有图谋，打算让法国人重返意大利。对此他非但不反对，反而助法国人一臂之力，同意了路易十二关于其第一次婚姻所提出的请求。于是路易十二在威尼斯人的协助下和教皇亚历山大六世的同意下，实现了进兵意大利之举。路易十二刚到米兰，教皇就从他那里得到援军攻占罗马尼亚，法国国王碍于教皇的威望同意了此举。瓦朗斯公爵在打败科隆纳的势力并占领了罗马尼亚之后，要守住它并扩大战果，面临着两个障碍：一个是他的雇佣军似乎对他不太忠诚；另一个是法国人的意图。也就是说，他担心正在为他效力的奥尔西尼的军队到需要时用不上，不仅会阻止他扩张领土，还会夺走他已经到手的领土，也担心法国国王会这样对待他。他在夺取法恩扎之后进攻博洛尼亚时，通过与奥尔西尼的人联系看出了这一点，因为他看到他们对这次进攻不太热心。当这位公爵占领了乌尔比诺公国后发兵攻击托斯卡纳时，法国国王也要他立即罢手，于是他就理解了法国国王的意图。博尔吉亚也就不再打算依靠别人的运气或军队了。他所做的第一件事情就是削弱科隆纳家族和奥尔西尼家族在罗马的党羽势力。他用大量军饷收买支持这些家族党羽的贵族，把他们变成自己的侍臣，并根据他们的身份，向他们授予兵权和官职，以致几个月时间这些贵族就不再向着这些家族的党羽，统统倒向公爵这一边。自此，在惩罚了科隆纳家族之后，他就等待时机消灭奥尔西尼家族。而这个时机来得正好，他也更好地利用了这个时机。因为等到奥尔西尼家族发现公爵及教廷的强大势力是其祸根时，为时已晚。他们在佩鲁贾附近的马焦内举行会议，之后乌尔比诺便发动叛乱，罗马尼亚也出现骚乱，公爵面临着巨大的威胁，但都在法国人的帮助下解除了。公爵在恢复威望之后，不想再依赖法国人或其他外邦势力，免得受到他们的威胁，便转而运用计谋。他很善于伪装和控制自己的情绪，使得奥尔西尼家族通过首领保罗与他讲和。而公爵不惜任何代价来麻痹此人，送给他长袍、金钱、马匹,让他放心,以致天真的奥尔西尼家族到西尼加利亚自投罗网。当奥尔西尼家族的所有头领都被消灭,他们的支持者成为公爵的盟友之后,他就为他的强盛奠定了坚实的基础。因为他已占领了整个罗马尼亚和乌尔比诺公国,尤其是自认为已经受到罗马尼亚人的爱戴,因为所有民族已经感受到从他那里得到的好处,都拥护他。

下面这一段历史值得关注,也值得人们仿效,因此我不想撇开它不谈。这位公爵在占领了罗马尼亚之后发现统治它的人原来是并无多大能力的小领主,他们不是统治臣民,而是对他们进行掠夺,在他们之间制造不和,而不是使他们团结起来,以致这个地区匪盗成群,民不聊生。他认为要使臣民保持安宁,服从俗权,就必须对他们实行正确的统治。为此他委派心狠手辣的雷米·道尔科全权为他管理国家。此人很快就使国家安定下来,实现了统一,得到了很高的荣誉。但是后来,博尔吉亚想到给他这样过分的权力不再合适,担心会招人痛恨,于是在这个地区设立了一个民事法庭,任命了一位贤明的大法官,各个城市在法庭上都有自己的辩护人。另外,他清楚地知道,他过去的严厉举措使人民对他产生了一些敌意,为了消除人民的敌意,要他们全心全意地拥护他,他就要表明,如果说统治方法有些残酷,这残酷也不是他造成的,而是由这个大臣的卑劣本性造成的。于是他抓住上述恰当的[15]时机,在一个晴朗的早晨,令人把雷米·道尔科斩成两段。在切塞纳的广场中央，立着一个木砧，雷米·道尔科的尸首旁边搁着一把血淋淋的刀，这个残酷场面使全体民众大快人心，同时也胆战心惊。

现在我们回到前面岔开的地方。公爵由于按自己的方式巩固了自己，消灭了邻近大部分可能危及其安全的势力，于是就觉得自己很强大了，对眼前的危险也不在乎，要继续他的征服事业，需要认真对待的就只有法国人了。因为他知道，法国国王觉察出自己的过失为时太晚，绝不会再支持他了。当法国人入侵那不勒斯，袭击包围加埃塔的西班牙人时，他开始与法国人闹别扭，同时也开始寻求新盟友。他的意图是要提防法国人，保障自己的安全，要是教皇亚历山大六世还活着，这是很快可以实现的。

公爵对当时事务的处理方法就是如此。但是对于以后可能发生的事情，他首先担心的是，教皇的继承人可能不是他的朋友，而且担心新教皇要把亚历山大给予他的东西夺走。为此，他考虑了四点补救措施：第一，他把已被他剥夺领地的那些领主的九族统统杀光，使教皇断了重新扶植他们上台的念头；第二，收买拉拢所有罗马贵族，以便通过他们来控制教皇；第三，想方设法把红衣主教团变成自己的党羽；第四，在教皇亚历山大去世前发展壮大自己，以便一旦任何敌人发动攻击，自己能够抵御。

到教皇亚历山大六世去世时，这四点措施已经完成了三点，第四点也几近完成。被他剥夺领地的领主，能抓到的都被处死了。逃脱的为数很少。至于罗马贵族，他已经把他们都拉拢过来。红衣主教团的大多数人都愿意为他效劳。至于新的征服，他已决计做托斯卡纳的领主，并且已经占领了佩鲁贾和皮翁比诺，还将比萨置于自己的保护之下。他不必再顾忌法国人了（因为他们已经被西班牙人逐出那不勒斯王国，结果法国人和西班牙人都不得不拉他做盟友），因此他在比萨的军事行动势如破竹。卢卡和锡耶纳由于对佛罗伦萨人抱有怨恨，担心被他们占领，也迅速投入他的怀抱，佛罗伦萨也无计可施。如果他的这些举措都获得成功（就如教皇亚历山大六世去世的同年那样获得成功），他就能聚集很强的势力，获得很高的威望，以至不必再依赖别人的运气和力量，而只靠自己的才智和权威来维持统治了。但是在公爵开始出征五年之后，教皇亚历山大六世去世，给他留下的领地中，只有罗马尼亚的基础很稳固，其他领地几乎都不牢固，并且夹在两支强大的敌军之间，自己也重病缠身。但是公爵具备卓越的才智和能力，而且非常了解赢得人心的手段和丧失民心的原因，了解自己在这么短的时间内打下的基础相当坚固，以至假如那两支敌军不准备攻击他，或者他的病能够痊愈，他会克服所有这些困难的。实际上，人们可以清楚地看到，他的根基已十分牢固，因为罗马尼亚人等了他一个多月，而在罗马，尽管他生命垂危，江山也依然安然无恙。尽管巴利奥尼、维特利和奥尔西尼可以进入罗马,对他也奈何不得。虽说他不能让他所喜欢的人当选教皇,[16]但至少能阻止他不喜欢的人当选。但是,假如他在教皇亚历山大六世去世时不生病,那么一切都会如愿的。他在教皇尤利乌斯二世即位时亲口对我说,[17]他已经觉察到他父亲去世后可能发生的情况,找到应付一切情况的措施,但绝没有想到,教皇亚历山大的去世之日就是自己的衰落之时。

综观这位公爵的全部业绩,我看不出其中有什么可以指责的。非但如此,我认为应该把他提出来(正如我已经做的)作为楷模,供所有靠他人的运气和力量获得国家和领地的君主仿效。因为他怀有雄心壮志,就心无旁骛地去干,只是教皇亚历山大六世的过早去世和他自己的疾病妨碍他完成宏图大业。

初为君主的人,要是认为必须防备敌人,结交朋友,用武力或计谋战胜敌人,要人民对他又爱又怕,要士兵对他又忠又敬,要消灭那些可能或必定对他造成危害的人,用新手段移风易俗,做到严厉而又仁慈,宽宏而且自由,解散不忠于他的军队,缔造新的军队,与其他国王和君主保持友好关系,使他们能为他效劳,不伤害他,那么这位瓦朗斯公爵就是最好的榜样。

我们只可以就教皇尤利乌斯二世当选一事来责备他。他选错了人,因为正如我已经说过,虽然他不能随心所欲地任命教皇,[18]但至少可以阻止他不喜欢的人担任教皇,他绝不应该同意让他得罪过的人当选,也不应该让当上教皇之后可能会惧怕他的人当选,因为这些人会因害怕或仇恨而损害他。他曾经得罪过的人中,有圣-皮埃尔-埃斯-连主教、科隆纳主教、圣·乔治主教和阿斯卡尼奥主教,[19]其他人如果当选教皇,也由于各种原因要害怕他,只有昂布瓦斯主教和西班牙人主教除外,因为前者有法国撑腰,势力强大,后者有联盟义务。所以公爵应该选一个西班牙人当教皇,如果不行,就应该同意让昂布瓦斯主教担任,而不应让圣-皮埃尔-埃斯-连主教担任。谁要是以为大人物们得到了恩惠就能忘却旧怨,那就错了。因此,公爵在教皇选举问题上就犯了这种错误,最终导致了他的灭亡。

第八章
关于采取卑鄙手段当上君主的人

有人采取了另外两种方式从低层爬上君主的高位,不能把它完全归因于他的才智和运气,我想不应该把这两种方式撇开不谈,尽管对其中一种方式在论述共和制国家时还可以讨论得更详细些。有人通过卑鄙行为和犯罪手段爬到君主的高位,或者由于得到其他公民的拥护,从一个身份低微的公民变成国家的统治者,就是这两种方式。关于第一种方式,我们先来看两个例子,一个是古代的,另一个是现代的。我们不深谈这两种方式的是与非,因为我认为,对于不得不采取这两种方式的人,有这两个例子做榜样就够了。

西西里的阿加佐克利斯当上了叙拉古国王,

他过去就处于平民的地位,而且是最卑微的地位。他出生于一个陶器工家庭,整个一生,恶贯满盈。然而,由于他聪明过人,身强力壮,又爱好打仗,于是就在叙拉古的军队里一级一级地爬上了统帅的地位。达到这个高位后,他便立志要当国王,并且通过武力而不是靠别人的恩惠来保住人们同意给予他的东西。于是他把他的计划秘密通知了迦太基的哈米尔卡。哈米尔卡便在西西里与他的军队开战。一个晴朗的早晨,他把叙拉古人及其元老院召集在一起,说是要商议共和国的国家大事。尔后,他向士兵们发出一个暗号,把元老院议员和大富豪全部杀死,然后就攫取并用武力控制了叙拉古王国,人民不敢有任何异议。虽然他两次被迦太基人打败,最终还被他们包围,但他竟然不仅能保卫他的城市,而且还能够让一部分士兵守城,自己带一部分士兵去侵略非洲,很快就迫使迦太基人放弃包围,还让他们落入极端困窘的境地,不得不向他保证只待在非洲,把西西里让给叙拉古,今后不再外出侵略。

因此,如果仔细分析阿加佐克利斯的业绩和才智,我们看不到或很少看到可以称之为运气的东西,而是看到,正如我们在上面已经说过的,他不是靠某人的恩宠,而完全是靠在军队里一级一级往上爬,才得到这个王国的。这需要他出生入死,历尽艰辛,以后就靠勇敢冒险的行为来维持统治。然而,我们实在不能说谋杀同胞、背叛朋友、不讲信义、没有怜悯心、没有宗教信仰是才智,他可以用这些手段征服某块领地,但不能赢得荣誉。因为,如果我们考虑到阿加佐克利斯出生入死的英雄气概和克敌制胜的浩然勇气,我们可能觉得他是个不可多得的统帅,但是,他的丧失人道的兽性和罄竹难书的恶行,使他不能跻身于最杰出的人物之列。因此,我们不能把他并不是靠运气或才智得到的成就归因于这两样东西。

现在谈现代的这个例子。当教皇亚历山大六世在位期间,费尔莫城的奥利弗罗托,因自幼就是孤儿,由名叫乔万尼·佛利亚尼的舅父养育。他在年轻时,被送到保罗·维特利的身边去打仗,以期得到他好好调教,能升到一个高级军阶。保罗死后,他被安排让其兄维特罗佐带领。由于他思维敏捷,身心强健,时间不长就成了出类拔萃的人物。但他觉得在别人手下当兵是奴隶干的事情,于是在费尔莫市民(在他们看来,受奴役比自由更宝贵)的帮助下,并且在维特罗佐的支持下,拟订了攫取费尔莫的计划。他写信给舅父佛利亚尼,说他离家在外已很长时间,非常想回去看望他和家乡,还想了解一下他家的产业。另外,由于他不辞辛苦不为别的,只是想获得荣誉,要让同胞知道他没有虚度年华,因此他想带上由朋友和仆人组成的一百名骑兵衣锦还乡,恳请舅父能让费尔莫人盛情迎接。这样,他不仅为自己争得了荣誉,也为舅父争得了荣誉,因为奥利弗罗托是佛利亚尼抚养成人的。

因此，舅父毫不迟疑地尽到了对外甥的责任，命费尔莫市民盛情迎接了奥利弗罗托，然后就把他安顿在自己的家里。奥利弗罗托在家里密谋了几天罪恶计划，便举行了一场盛大的宴会，邀请他的舅父和国家的达官显贵。吃过了美味佳肴，结束了这种盛大宴会上一般都有的娱乐节目，奥利弗罗托开始有意提出一些重要话题。他谈到了教皇亚历山大六世及其儿子塞扎尔·博尔吉亚的威权，谈到他们的事业。趁他舅父和其他人应答时，他突然起身，说有些事情应该到比较秘密的地方去说，说着便退至单独的一个房间，他的舅父和其他人也随他进去。他们刚刚落座，就从房间隐蔽的角落里跳出一些士兵，把他的舅父连同其他人一齐杀死。奥利弗罗托完成了谋杀，跳上马跑遍全城，包围了王宫里的最高行政官。这个最高行政官由于害怕只得服从他，建立一个以奥利弗罗托为首的政府。他还处死了所有对他不满的人和可能危及他安全的人。他颁布新的民事法令和军事法令，大大巩固了自己的地位。他当上费尔莫君主不到一年，就不仅能够在费尔莫城中十分安全地实行统治，连左邻右舍也对他惧怕三分。要不是正如我在上面说过的，塞扎尔·博尔吉亚在西尼加格利亚袭击奥尔西尼家族和维特利家族时，让奥利弗罗托上当受骗，那么要消灭他，就像消灭阿加佐克利斯一样困难了。就是在那里，奥利弗罗托在犯了叛逆罪一年之后，也被抓住了，与被他奉为德行与恶行之导师的维特罗佐一起被绞死。

有人可能要问,阿加佐克利斯这类人何以在犯下背信弃义、惨绝人寰的滔天罪行之后,还能在国内长期安全地生活,还能抵抗外敌,国中却无人暗算他们,而其他许多人就是在和平年代也无法在国内维持统治,更不用说在战乱年代了。我认为原因就在于看他们善不善于利用他们的暴行。如果由于安全的需要,只实施了一次暴行,然后就不再有暴行,而是尽力完全转变为对臣民有益的行为,那么这种暴行可以被称为有益的暴行(如果暴行也有好坏之分的话)。如果一开始暴行很小,尔后却渐渐加重,而不是减轻,这就是有害的暴行。采取第一种暴行的人,如阿加佐克利斯,可以借助上帝与人的帮助,找到有效的补救措施。因此应该记住,占领者在攻占一个国家时,必须采取各种必要的残酷手段,而且要一次全部实施,绝不可天天重复实施,做到不去翻新残酷手段,从而使人们安心,还要施与恩惠来笼络人心。谁要是由于害怕,或者由于心术不正不采取这种方法,那么他就必须整日屠刀在手,绝不可能在臣民中建立牢固的基础,而臣民由于受到他的不断伤害,也不可能信赖他。因为,所有的恶行一定要一下子干掉,人们尝到苦头的时间很短,就会觉得苦少些,而善事则要渐渐地做,人们才觉得甜。而且,君主最重要的是要与臣民在一起,这样,任何意外事件,不论好的还是坏的都难以使他改变。因为如果在你遇到麻烦,突然需要采取严厉的残暴手段时,你却不能,而如果你行善,也不会对你有好处,因为人们会以为你是迫不得已而为之,没有人会因此感激你。

# 第九章
## 关于平民君主

下面我们来讨论第二种方式。如果一个平民，不靠卑鄙手段，也不靠其他可恶的暴力行为，而靠其同胞的拥护当上了国家的统治者，就可以称为平民君主。他升到这个地位不需要有特别强的能力，也不需要有特别好的运气，而只要他精明得当。我认为，这种人当上君主，如果不是靠民众支持，那就要靠贵族支持。因为我们发现在任何城邦国家中，都存在着两种截然不同的情绪，其根源就是民众不愿受有权势者的支配和压迫，而有权势者则渴望支配和压迫民众。这两种相互对立的欲望就在城邦国家中造成以下三种后果之一，即要么设立君主，要么自治，再就是无政府状态。

　　君主权是来自人民,还是来自贵族,这要看哪一方拥有机会。因为贵族如果知道自己敌不过人民,便给予人民中间某一个人威望,委任他当君主,这样他们就能打着他的幌子,满足自己的私欲;而当人民认识到敌不过贵族,也赋予一个人威望,推举他当君主,指望能得到他的保护。靠贵族帮助当上君主比受人民拥护当上君主,维持统治的困难更大,因为君主处于那些自认为与他地位相同的人中间,就不能随心所欲地支配和管制他们。而受人民拥护当上君主的人,就能完全独立自主,身边没有人或很少有人不愿意服从他。如果他要秉公行事,又不伤害其他人,就不能取悦于贵族,但肯定能让人民满意。因为人民的意愿总比贵族的意愿公正,贵族都想欺压百姓,而人民只是不愿受欺压。此外,君主如果与人民为敌,江山就永无宁日,因为人民人数众多,而贵族由于人数少,他可以防范。如果君主不被人民喜欢,最坏的结局可能就是被他们抛弃,但如果贵族与他作对,他就不仅要担心被他们抛弃,还要担心被他们攻击,因为由于贵族见识比人民广,诡计比人民多,总能及时保护自己,并求助于另外某个势力比他强的人的支持。此外,君主是始终非与这样的人民一起生活不可的,但是没有这些贵族,他也能很好地维持统治。他可以每天根据自己的好恶来擢升和贬黜贵族,剥夺或给予他们权力和威望。

为了充分理解这一点，我认为对于贵族可以从两个主要方面进行分析，即看他们的行为方式是否想与君主共命运。对于那些服从君主且不掠夺人民的人，你应该给予他们荣誉，爱护他们；而对于那些不想与君主共命运的人，你应该从两点上对他们进行分析。他们可能是因为天性怯懦缺乏胆量才这样，在这种情况下，你应该利用他们，尤其要利用那些能为你出好主意的人，因为，当你兴旺发达时，他们能为你带来荣誉，当你陷入逆境时，他们也不会加害于你。如果他们怀有野心，不想服从你，这表明他们考虑自己比考虑你多，你对他们就必须像对公开的敌人一样严加防范。因为一旦形势对君主不利，他们总会落井下石，加速君主的垮台。

所以，无论是谁，如果是靠人民的拥护当上君主的，就必须始终如一地与人民友好相处。这对他来说并不难做到，因为人民的要求只是不受压迫。而那些反对人民、靠贵族的支持当上君主的人，最重要的也是拉拢人民。要是他能够保护人民，也不难做到这一点。因为人都有这样一种天性，即如果他们本以为会受到某人的伤害，现在相反却得到了好处，就会对他倍加感激，所以人民比拥立他为君主的人更加感激他。君主赢得民心的方法很多，这些方法根据情况各有不同，难以给出一定的规则，因此我略去不谈。我仅仅下结论说，君主必须得到人民的爱戴，否则遇到危难就会求援无门。斯巴达国王纳比斯终能经受住整个希腊和一支因几次胜利而不可一世的罗马军队的攻击，保住了本土和几个附属国，就是因为他在这个紧要关头，对内只需提防几个人。假如人民都恨他，只提防少数人是绝对不够的。但愿人们不要用人们常说的那句话"谁要是依靠平民百姓，谁就是在泥沼上盖房子"来反驳我的意见。因为，确实，当一个身份卑贱的人依靠民众，以为在受到敌人和官吏压迫时，人民会救他于水火，这时他多半会发现自己受骗上当了，就像古罗马的格拉奇和佛罗伦萨的乔治·斯卡利遇到的情况那样。但是如果依靠人民的人是一位君主，能指挥打仗，而且勇敢无畏，不怕任何艰难险阻，其他方面也能够做到有备无患，能通过他的坚定信念和发出的号令使全体人民保持斗志，那么民众就绝不会不敬重他，相反却会看到，他的江山坚如磐石。

如果这种君主从平民君主转变为专制君主，其地位就会变得极不稳固，因为这些君主要么是亲自统治，要么是以行政官为中介人来实行统治。如果是后一种情况，他的根基就更加脆弱，岌岌可危。因为君主要完全依赖于被他授予显职的那些人的意愿，他们要灭掉君主很容易，尤其是当他处于困境时，他们不是开始反对他，就是拒绝服从他。到了这种危急关头，君主要想收回权力就来不及了，因为市民和属民已经习惯于服从行政官的命令，在君主落难时就不愿意服从君主的命令，此时君主身边一般就没有可靠的人了。这种君主不可按照在和平时期所遇到的情况来判定自己是否赢得民心，因为那时候人民需要国家，所以人人都迎合他，都向他允诺，明知根本无须牺牲生命，却都愿意为他牺牲生命，但是当君主处于困境时，当国家需要人民时，却很少有人出来效力。而由于这种情况君主只能经历一次，因此更加危险。所以，明智的君主必须找到一种方法使臣民在任何境遇下都需要国家和君主，紧跟君主，忠贞不渝。

# 第十章
## 衡量各种君主国力量的方法

为了评判和考察这些君主国的性质，还要考虑另外一个问题，即了解一个君主是否拥有足够的国力在必要时能保卫自己，或者说他是否一直需要别人保护。说得更明白些，我认为那些仗着钱多人众，有能力调动一支给养充足的军队，对任何胆敢前来进犯之敌发动战争的君主，就能独立自主自力更生；同样，那些不能迎击敌人，只得躲在城中令人固守城池的君主，就始终要依赖他人。对于第一种情况我们已经讨论过，以后有机会我们还要谈及。对于第二种情况，我们除了建议这些君主筹足给养，加固城防，不要过多考虑领土得失外，其他没有什么可说的。无论什么君主，只要他的城池固若金汤，他与臣民的其他关系如同前面已述后面还要述及的那样，敌人要来进犯，不能不考虑再三。因为敌人看到要袭击一个地位稳固又不招其人民痛恨的君主并非易事，就绝不会轻举妄动。

德国的城市辖区都不大，而且拥有很大的自主权，有利可图时才服从皇帝。它们势力强大，对邻近的城市从不担心。由于它们的城防十分坚固，沟深墙坚，炮火充足，仓库里堆满粮食燃料，足够用上一年，因此任何人都会想到，要占领它们肯定既花力气又花时间。除了这些，城市为了养活民众，又一点不让国家财富减少或受到损失，就要始终能够在既维系着城市的生命与活力，又是人民赖以生存的行业里向人民提供一年的工作。而且，他们对军事训练非常重视，有许多开展军事训练的好办法。

因此，一个君主拥有坚固的城池，又不被人民仇恨，就不会受到攻击。假如真有谁想来侵犯，最终也不得不灰溜溜地撤回去。因为世事诡谲莫测，变幻不定，一个人不可能让其军队围城整整一年什么也不干。有人可能辩驳说，如果人民在城外拥有田产，看到被人劫掠，定会受不了，长期围困和个人利益都会使人民置君主于不顾的。对此我反驳说，一位有才干有魄力的君主，倘使今天向人民指出希望，灾难就要过去，明天又让属民对敌人的残暴感到恐惧，或者机智地防备那些在他看来过于胆大妄为的人，就总能战胜一切困难。

况且，敌人在刚开始进犯时，人们的情绪高涨，急切地要保家卫国，敌人自然就会蹂躏国土，但君主更不要害怕，因为过一段时间，人们的热忱减退，战争损失已经造成，灾难已经降临，任何措施都将于事无补，但此时人民会更加与君主同心同德，团结一致。因为正是由于他的原因，是为了保卫他，人民的房屋才被毁，人民的土地才遭洗劫的，所以人民觉得君主对他们负有责任。因为提供帮助与获得帮助一样，都能让人们相互依存，这是人类的一种天性，因此，在对各方面都认真进行了分析之后，如果一位谨慎的君主不缺粮草弹药，要让人民在围城期间能自始至终地保持旺盛的斗志并不难。

第十一章
关于教会君主国

现在只剩下教会君主国要讨论了。对于这种君主国,所有困难都是在君主获得它之前出现的。因为君主获得它不是靠才能,就是靠运气,但要维持它倒是两者都不需要,因为它受到历史悠久的宗教制度的支持。这些制度的威权如此显赫,性质又是如此独特,以至君主不论其行为和生活方式如何,都能稳坐其位。这些君主有领地却不保卫,有臣民却不统治,而尽管他们的国家没有国防,也没有人要去占领;尽管他们的属民不受统治,也不用对此操心,因为他们既不想也不可能摆脱君主的控制。因此,只有这种君主国才稳固而又幸福。但是由于这种君主国是受人类思想不可企及的最高理性统治的，是由上帝确立并维护的，因此我不想多说，只有鲁莽冒失的人才去妄加评论。但是人们知道，在亚历山大教皇之前，意大利的统治者们，不仅那些自称为统治者的人，就连一个小贵族，一个身份并不显赫的领主，对于教会的世俗权力也都是不屑一顾的，可是现在连法国国王也怕它，教皇竟能把他赶出意大利，并能打垮威尼斯人。尽管此事人人皆知，但如果有人强求我解释教会的世俗权力何以会变得如此强盛，我认为重新提一提并不是多此一举。

在法国的查理国王入侵意大利之前，这个国家处在教皇、威尼斯人、那不勒斯国王、米兰公爵和佛罗伦萨人的统治之下。这些统治者有两件大事必须当心，一是要防止外部势力侵入意大利发动战争，二是要防止他们任何一方占领本不属于他的领土。其中最令人担心的是教皇和威尼斯人。为了镇住威尼斯人，其他各方应该团结一致，[20]就像费拉拉保卫战时所发生的情况一样。为了控制教皇，他们就利用罗马贵族。这些贵族分成奥尔西尼和科隆纳两派，他们之间纷争不断，他们在教皇鼻子底下拥有武装，这就使教廷更显软弱。尽管有时会有一位像西克塔斯这样有胆量的教皇站出来，但他的运气和所有学识都未能使他幸免于这些困扰。究其原因，是他们的任期太短。因为教皇的平均任期为十年，在这十年里，他要花费非常大的气力才能撼动一个贵族集团。譬如说，一位教皇把科隆纳家族的势力削弱了，而另一位教皇却因为仇恨奥尔西尼家族，又把科隆纳家族的势力扶植起来，但在任期内又不能消灭奥尔西尼家族，这就使得教皇的世俗势力在意大利不被人放在眼里。后来亚历山大六世上任，他与其他教皇大不相同。他向世人表明了，教皇如何可以利用金钱和武力让人对他刮目相看，如何能通过瓦朗斯公爵并利用法国人入侵意大利的机会办成了许多事情，我在叙述那位公爵的业绩时，曾说过这些事情。尽管他做这些事情不是为了教廷，而是为了他的儿子，但是他的所作所为终使教廷发展壮大了，因为在他死后和其儿子灭亡之后，教廷继承了他的辛勤成果。尤利乌斯二世继任后，发现教会已经非常强大，拥有了整个罗马尼亚，罗马贵族的势力都已衰落，乱党集团由于受到教皇亚历山大的追捕，纷纷散伙，他还找到了亚历山大之前从未实施过的公开聚敛金钱的手段。尤利乌斯二世不仅继续这样做，还变本加厉，决心要占领博洛尼亚，打垮威尼斯人，把法国人逐出意大利。这些壮举都获得成功。由于他所做的事情都是为了发展教会，而不是为了个人，因此他备受人们的颂扬。除此之外，他还让奥尔西尼和科隆纳两个贵族集团维持原有状况。虽然他们中存在挑起事端的某些因素，但教皇也有两点让他们不安：一是教廷的强盛，这一点使他们害怕；二是不让他们的人担任红衣主教，因为他们的红衣主教是两派纷争的根源。只要他们拥有自己的红衣主教，两派就永无宁日,因为在罗马内外,就是这些红衣主教在控制着党派的思想,而那些领主必须庇护他们,这样就由于这些高级神职人员的野心,使得这些贵族之间的不和和纷争此起彼伏,层出不穷。现在,利奥教皇陛下已经觉得教廷非常强大,虽说教廷是其他教皇靠武力发展壮大起来的,但我们希望他将依靠仁慈和其他无量的美德让教会强盛有加,誉满天下。

## 第十二章
## 关于军队种类及雇佣军

一开始我打算论及的各种君主国,其特点都详细地论述了,并捎带分析了它们兴衰存亡的原因,指出了许多人曾经试图征服他人和维持统治所采用的方法,下面我还要概述一下可能存在的危险和补救措施。前面已经说过,一个君主的宝座应该坚如磐石,否则就会垮台。所有国家,无论是新国家、旧国家,还是混合型的国家,其立国之本都是严明的法律和得力的军队。在军队不得力的地方就没有严明的法律,而如果军队得力,法律就理所当然的会严明,因此我不说法律,只谈军队。君主赖以保卫国家的军队,如果不是他自己的军队,就是雇佣军或外国援军,或者就是这两者混合的军队。雇佣军和外国援军毫无用处，而且非常危险。如果君主想把国家的安危维系在雇佣军身上，那就绝不可能得到有力的支持，因为雇佣军是一盘散沙，野心勃勃，纪律涣散，极不忠诚。他们对自己人逞强好胜，遇到敌人便不堪一击。他们不敬上帝，对人也不讲信义。你所以还没有失败，只是因为你还没有发动攻击。在和平时期，你会被他们劫掠，而在战争时期，你就会被敌人劫掠。原因是，他们为你打仗，除了是为了一点军饷外，没有其他兴趣和理由，但这点军饷不足以使他们愿意为你卖命。在你不发动战争时，他们很愿意听从你的指挥，而一旦战争爆发，他们就只顾逃命，一走了之。这一点不用怀疑，因为意大利目前灾祸的根源，就在于它长期依赖于雇佣军。这些雇佣军曾让某些人取得一些战果，支支军队好像都无往不胜，但是，一旦有外邦军队入侵，他们就原形毕露，所以法国查理国王用粉笔[21]就轻取了意大利，有人[22]说原因就是我们所犯的罪孽，他说得一点不错。但这些罪孽不是他所说的那些罪孽，而是我所说过的罪孽，由于这是君主们的罪孽和过失，因此他们是自作自受。

我想着重指出雇佣军这种军队会带来什么样的灾难。雇佣军的统帅要么是非常杰出的军事家，要么是个庸才。如果是个杰出的军事家，你就不能信赖他，因为他们会千方百计灭掉你这个主人，或者违背你的意愿消灭别人，从而壮大他们自己。但如果是个庸才，同样也会使你失败。如果有人辩驳，任何握有兵权的统帅都可以那样做，不管是不是雇佣军，对此我反驳说，打仗是君主或者共和国自己的事。君主应该亲自上阵，履行一个优秀统帅的职责。共和国应该派遣它的公民去，如果所派的人表现怯懦，就必须撤换他，如果他作战勇敢，就临时用法律来约束他，不得触犯这些法律。经验表明，经受过战争考验的君主个人和共和国终能成就大业，而雇佣军只会带来灾难和损失，而且，自己拥有武装的共和国与靠外国势力保卫的共和国相比，不容易堕落为由其一个公民统治的专制政体。罗马和斯巴达曾长期拥有武装，也就拥有自主权。瑞士拥有很强的武装，也非常自由。古时候依靠雇佣军的例子有迦太基人，他们在结束了与罗马的第一次战争之后，几乎被其雇佣军所灭，尽管军队的统帅是本国的公民。底比斯人在埃帕米农达斯死后，拥立马其顿的菲利普为军队统帅，但在获胜之后，他就夺走了他们的自由。米兰人在菲利普公爵死后，出钱请弗朗切斯科·斯福尔扎指挥对威尼斯人的战争，他在卡拉瓦乔击败了敌人，此后却与敌人联合起来攻击他的雇主米兰人。他的父亲也是被那不勒斯的焦万娜女王雇佣的，但他很快就让这位女王全军覆没，使得她为了保住自己的[23]王国，只好投入阿拉贡国王的怀抱。如果说威尼斯人和佛罗伦萨人在以前也曾借助这种军队扩大了他们的领地，而这些军队的统帅并没有成为君主，但也能很好地保卫他们，我回答说，那是因为威尼斯人吉星高照，挑选的有才干的统帅中（而他们本应担心的正是这些人），有些人没有打过胜仗，另有一些人遇到了障碍，还有一些人有野心另有所图。在不是胜利者的人当中，有让·奥库[24]，由于没有打胜仗，不能证明他是忠诚的。但人人都承认，要是他不打败仗，佛罗伦萨人就会听他摆布了。布拉齐奥的军队始终与弗朗切斯科·斯福尔扎的父亲对立，因此他们互相提防。弗朗切斯科·斯福尔扎对伦巴底怀有野心，而布拉齐奥反对教廷和那不勒斯王国。现在我们来谈谈不久前发生的事情吧。佛罗伦萨人任命了保罗·维特利为他们的统帅，此人颇工心计，身份低微却获得极高的名望。要是他占领了比萨，佛罗伦萨人就必须服从他，这一点没人会否认。因为假如他存心要为佛罗伦萨人的敌人效力，那他们就会陷入绝境，所以要留住他，就不得不服从他。对于威尼斯人，如果我们仔细分析他们的事业进展情况，就会发现，他们自己人打仗时，更放心，斗志也最强。在他们的行动转到陆地之前，情况就是这样。从前，他们的贵族和民众，武器精良，作战勇猛，而自从他们开始在陆地上作战之后，他们便遵从了意大利的战争传统，也就丧失了英勇精神。他们在领土扩张之始，没有很多领土，声威又很高，因此对于统帅不太担心。但是当他们在卡尔米纽拉[25]统率下扩张领土时，就首次尝到了这种过错的苦果。在打败米兰公爵之后，威尼斯人觉得卡尔米纽拉智勇双全，但又看到他对打仗那样三心二意，就认为再也不能依靠他进行征服大业了，而威尼斯人又担心会丧失已经得到的东西，不能让他离开，于是为了保证自己的安全，不得不把他处死。这以后，他们曾相继任命巴尔泰勒米·德·贝加莫、罗伯特·德·圣塞维里诺、皮蒂利亚诺伯爵之类的人做统帅。由这些人做统帅，他们就只有担心丧失领土的份儿，别想再去获得了。担心的事情终于自瓦依拉[26]之役后发生了，威尼斯人花八百年心血获得的全部东西毁于一旦。人们依靠这种军队，获得战果又慢又迟，微乎其微，而丧失战果却是猝不及防，干净彻底。由于这些例子让我想到这么多年来一直靠雇佣军统治的意大利，因此我想对雇佣军问题再深入地进行讨论，以便让人们在知道了他们的起源和发展之后，能够更好地对此加以补救。

你想必知道，近期以来，当帝国的势力刚开始从意大利被驱逐出去，当教皇已经获得了很高的世俗威望之时，意大利被分成了许多国家，因为大多数大城市都拥有武装与贵族对抗。这些贵族以前受皇帝的宠幸，对这些城市实行压迫，教廷便支持这些城市造反，以提高教会在世俗权力上的威信。而在其他许多城市里，市民都成了主人。这样，意大利就几乎全落到教会和一些共和国手中，但由于这些教士和市民没有扛枪打仗的习惯，于是就开始雇佣外国军队。第一个为这种军队带来声誉的是罗马尼亚的艾尔贝里戈·达·科尼奥，受过他训练的有布拉齐奥和斯福尔扎,这两个人当时在意大利都是叱咤风云的人物。在他们之后直到现在,又有其他一些人担任这种军队的首领,而他们的辉煌业绩就是让意大利被查理国王攻取,被路易国王劫掠,被费尔迪南德国王蹂躏,被瑞士人侮辱。他们为了使自己获得荣誉,首先让步兵名誉扫地。他们这样做是因为他们自己没有国家,就靠他们雇佣军的行当生活,步兵少了造不成声势,多了又养不起,因此他们就改为骑兵,由于其数量人们承受得了,于是就延续下来,并得到了声誉。后来发展到在一个两万人的部队中,步兵还不到两千人。除此之外,他们采取各种方法使他们和士兵摆脱艰辛和恐惧,如在战斗中不互相残杀,但可以互相俘房,不过不交赎金就可以释放。他们不发动夜袭,扎营的军队不对城市进行夜袭,城市也不对扎营的军队进行夜袭。营地周围不设藩篱,不挖壕沟,冬天不守阵地。所有这些都制定成军事规则。他们这样做正如我所说,是为了不让士兵吃苦和冒险,但不管怎样,却使意大利遭受奴役,蒙受耻辱。

第十三章
关于外国援军、混合军队和自己的军队

外国援军是一种没有益处的武装。如果我们求助于某位君主派兵帮助我们,保卫我们,这种军队就是援军。如最近教皇尤利乌斯二世看到他的雇佣军在攻击费拉拉时被人打得落花流水,便求助于援军,与西班牙国王费尔迪南德协商,要他派军队前来助战。这种军队的行动对其本身来说是有利可图的,但对于请他们支援的人来说,几乎总是有害无益。因为如果他们失败了,你也就失败了,而如果他们胜利了,你就成了他们的俘虏。虽然在古代历史中这种事例不胜枚举,但我不想忽略教皇尤利乌斯二世这个更新的例子。教皇尤利乌斯二世为了攻占费拉拉而让外邦势力完全掌握自己的命运，这个决定太轻率了。但是他的好运产生了第三种局面，使他不用承担其糟糕选择的恶果。因为他的援军在拉文纳吃了败仗，并且由于瑞士人的突然到来，把法国侵略者赶走了，于是完全出乎他和别人的预料之外，他没有成为敌军的俘虏（因为敌人被驱逐出去），也没有成为援军的俘虏，因为他利用了其他力量，而不是利用援军的力量取得胜利。佛罗伦萨人没有一点武装，为了占领比萨，就派一万法国军队进攻比萨。采取这种方法，他们的处境就比他们在对外征服事业中的任何时候都危险。君士坦丁堡的皇帝为了抗击他的邻国，将一万土耳其军队投入希腊，这些军队在战争结束后就不想走了，这就开了非基督徒[27]征服希腊的先河。因此，谁要不想获胜，就去借助于这种比雇佣军还要危险得多的军队，因为依靠他们就注定要失败。这种军队是团结的，而且只服从他人而不是你。而雇佣军队果真赢得了胜利，如果他们要损害你，还需要更长的时间和更有利的时机，因为他们心不齐，又是受雇于你。在雇佣军队里，你又任命了另一个人做他们的统帅，此人不会很快获得足够高的声望来损害你。简言之，雇佣军打仗时纪律涣散是最大的危险，而援军作战勇猛则是最大的危险。

　　因此，明智的君主总是避免使用这种军队，而要依靠自己的军队。宁愿由于使用自己的军队遭到失败，也不想靠外人的军队获得胜利，因为他认为靠别人的力量取得的胜利并不是真正的胜利。我信手再举塞扎尔·博尔吉亚为例。这位公爵靠援军攻占了罗马尼亚,他把法国军队带到那里,靠他们的帮助攻占了伊莫拉和弗利。但是在此之后,他觉得这种军队不太可靠,便开始利用雇佣军,认为他们的危险性要小些,于是雇佣了奥尔西尼和维特利的军队。后来他又发现雇佣他们也不可靠,因为他们不讲信义,又很危险,于是又摆脱他们,考虑组建自己的军队。如果分析一下这位公爵先仅依靠法国军队,然后又依靠奥尔西尼和维特利的军队,最终只依靠自己的军队,这些不同时期他的声望上的差别,就很容易发现这些军队之间的差别。现在人们看到他的声望越来越高,而且看得出,他如果没有完全掌握自己的武装,就绝不会有很高的威望。我不想放弃意大利最近的例子,也不想把叙拉古的希埃罗忽略掉,他是我在前面提到过的人之一。正如我已经说过,他就是由叙拉古人推举为军队统帅的。然而,他很快认识到这支雇佣军没有用处,因为士兵训练得就像我们意大利的雇佣军一样。他看到这支军队既不能保留,又不能解雇,就随他们被人打得落花流水,以后他就带自己的军队作战,不再用别人的军队。

我还想提一提《旧约全书》中关于这个话题的故事。当大卫向扫罗自荐与前来叫阵的非利士人歌利亚作战时,扫罗为了鼓舞大卫的斗志,用自己的战衣和武器来武装他。但大卫刚刚披挂上阵,就立即脱掉,说使用这些战衣和武器,不能保证自己的安全,他要用自己的投石器和刀去迎击敌人。[28]总之,别人的武器会让自己摔跤,会压得自己抬不起头,喘不过气。路易十一的父亲查理七世,由于他的好运和才智,终使法国摆脱了英国的统治。他深切认识到拥有自己的军队的必要,在他的王国创建了骑兵部队和步兵部队。而他的儿子路易十一却废除了步兵,开始雇佣瑞士兵,以后的其他国王也都沿袭这个错误,这就是危害这个王国的原因(正如我们现在所看到的情况)。他使瑞士兵的声誉大增,却使自己的整个军队威风扫地;由于他废除了自己的步兵,他就使自己的骑兵依赖于别人的军队;又由于这些骑兵习惯于和瑞士兵一起打仗,便觉得没有他们就不能获胜。于是法国人不敢反对瑞士兵,而且没有瑞士兵也不敢去攻击别人。因此说法国军队是一支混合军队,其中一部分是雇佣军,一部分是国家的军队。这种由两部分组成的军队比纯粹的外国援军或纯粹的雇佣军要好得多,但远不如由自己的臣民组成的军队。我所举的例子足以说明这一点,因为假如查理国王建立的良好军制能增强和延续下来,法兰西王国将是不可战胜的。但是这些人由于缺乏判断力,不够审慎,开始干了一件蠢事,这件事情由于作用相近,其恶果一下子还不能显露出来,就像前面提到过的肺痨热。

因此,身为君主,有危险却不能发现它,不是真正明智的君主,但有这种天赋的人也不多。如果人们愿意仔细分析罗马帝国灭亡的首要原因,就会发现,那就是他们开始雇佣哥特士兵。帝国的军队自此开始衰落,灭了罗马军队的威风,却长了哥特士兵的勇气。因此,总而言之,如果君主自己没有军队,他的国家就绝不会稳固,相反,由于没有赖以抗争厄运的力量,他就只好完全听凭命运的摆布了。"最脆弱、最不稳固的东西就是不以自己的力量为基础的权威"[29],贤哲们常常持有这种观点。自己的军队就是由臣民或者公民,或者由你招募的其他人组成的军队,而其他军队不是雇佣军就是外国援军。如果对前面我所举出的四个人的举措进行讨论,如果对亚历山大大帝的父亲菲利普以及许多共和国和君主壮大和武装自己的方式进行分析,那么,创建自己的军队所应采取的方法就很容易找到。我正在全力重新研究这些方法。

第十四章
关于从事战争实践活动的
君主所要关心的事情

君主除了战争实践活动、军事组织和训练之外,不应再有其他目的,也不应思考或关心其他问题,因为这是唯一一种只属于有统治权的人的技艺。它具有强大的威力,不仅能让世袭君主保持他的地位,还常常能使原处于低贱地位的人晋升到君主地位。相反我们看到,如果君主沉湎于声色犬马,而对治军之术不闻不问,就会丧失江山。可能使你丧失江山的主要原因,就是不重视战争这种技艺,而帮助你从别人手中夺取江山的手段,就是要以治军为业。弗朗切斯科·斯福尔扎由于掌握了军队,从一个地位卑微的人成为米兰公爵,而他的子孙则由于逃避军队的艰辛和劳苦,从大领主和君主重新沦为普通百姓。你由于没有经过战争锻炼,会受到许多伤害,而遭到别人的蔑视,就是君主最应避免的一种臭名声,这一点我在后面要说及。因为一个手执武器的人和一个手无寸铁的人之间毫无可比之处,其理由是不能指望一个全副武装的人会心甘情愿地服从一个没有武装的人,也不能指望一个没有武装的主子在其武装的仆人中间会无性命危险。因为有武装的人目空一切,没有武装的人则担惊受怕,两者不可能合得来。因此一位不谙战争之术的君主,除了会遇到我已说过的那些麻烦外,还永远得不到其士兵的尊重,也不能信赖他的士兵。

因此,君主绝不可不考虑作战训练的问题。这可以以两种方式进行,一种是通过实践,一种是通过思考。对于实践,除了要求士兵严格训练外,他自己还应经常外出田猎,用这种方法使自己的身体锻炼得能吃苦耐劳,同时又熟悉地形,了解山势高低、河谷走向、平原地貌,还了解河流沼泽的深浅缓急,并对此予以很大关注。这从两个方面对他有利。首先,他学会了解他的国家,知道应该如何去保卫自己的国家;其次,由于对地形地貌熟悉,他就容易了解他可能需要考虑的其他地方的情况。因为一个地区,譬如说托斯卡纳地区的山丘、河谷、平原、河流和沼泽,就与其他地区有些相似。

所以，熟悉了一个地区的地形，也就容易了解其他地区的地形。君主如果在这方面不是行家，就不具备担任统帅所必需的最主要的能力，这种能力能让他学会突袭敌人、安营扎寨、调动军队、部署兵力、利用有利地形围攻城市。亚加亚君主菲利波曼受到古代作家称颂的功绩之一，就是在和平时期他也只研究赢得战争的方法。他和朋友们一起在野外打猎时，常常和他们讨论，如果敌人在那座山上，我军在这里，那么谁会占优势？如何保持兵力部署不动，又能突袭敌人？如果我们要撤退，应该怎样行动？如果敌人退却，我们要怎样去追击他们？他在途中向他们提出军队可能遇到的各种各样的情况，倾听他们的意见，阐述自己的看法，用理由来证明自己的看法。通过这些经常不断的思考谋划，他在指挥军队作战时，就不可能遇到无法克服的困难。

至于思考上的训练，君主应该读史。他应该分析杰出人物的行为，了解他们怎样指挥战争，分析他们胜利或失败的原因。为了使自己避免失败，争取胜利，他必须像古时的一些杰出人物，立志学习一位声名显赫的巨擘，手边常备他的传记，就像人们所说的亚历山大大帝学习阿喀琉斯，恺撒学习亚历山大大帝，西庇阿学习居鲁士那样。谁要是读了色诺芬撰写的《居鲁士传》，然后又读了《西庇阿传》，就会发现，居鲁士这个榜样为西庇阿带来了多少荣誉！并且发现西庇阿是如何努力学习色诺芬笔下的居鲁士所具有的贞洁、和蔼、仁慈、宽容这些美德的。明智的君主都应该采取这种方法，并且在和平时期也绝不要无所事事，而是要注意未雨绸缪，以便在背运时，能够进行抗争。

第十五章
关于使人尤其是君主
招致责备或赢得称颂的事情

现在我们来谈谈君主应该以什么方式来对待臣民和朋友。我知道许多人论述过这个问题，因此我担心，如果我在论述这个问题时，尤其是在写这篇文章时，背离了他人的看法，会被看作自以为是。但是由于我的意图是要论述一些对能理解的那些人有利的事情，我觉得了解事物有实效的真实情况[30]比了解理想情况更为合适。许多人想象出的一些共和国和君主国，从未被人见到过，也从未被看作真实存在。由于人们的实际生活方式与理想的生活方式相差太远，因此谁要是为了应该做的事情而把实际做的事情丢开不管，那他就是学会了自取灭亡，而不是学会保护自己。因为谁想立誓做一个完全正直的人，在那么多不善良的其他人中间，失败就不可避免。因此，对一个想要保护自己的君主来说，能够学会做到不仁，并且根据需要来用仁和不用仁，也是必要的。

因此，如果把人们关于君主所想象的事情抛在一边，讨论实际的事情，那么依我看所有被人们谈论的人，尤其是身居高位的君主，都具有一些使他们招致责备或赢得称颂的品质。即有人被认为慷慨，有人被看成吝啬（misero，这里用的是托斯卡纳语的词，因为"avaro"在我们的语言中也指想通过掠夺来占有别人财物的人，"misero"就是我们用来称呼花费自己的财物过于克制的人）；有人好施，有人贪婪；有人残忍，有人慈悲；有人狡诈，有人守信；有人怯懦，有人勇敢；有人平易近人，有人傲慢无礼；有人荒淫无耻，有人高风亮节；有人坦率耿直，有人刁钻诡诈；有人脾气固执，有人性情随和；有人端庄稳重，有人举止轻佻；有人信仰虔诚，有人不信宗教，还有一些诸如此类的性格品质。我知道，人人都会承认，如果一位君主碰巧具有上述所有被认为优秀的品质，那真是非常值得称颂。但是由于受人的条件所限，这些品质不可能都集中在一位君主身上，也不都能发扬光大。君主必须做到十分明智，能够避免那些会使他丧失江山的恶行带来的耻辱，而对于那些不会使他丧失江山的恶行，也要尽其所能地去避免，但如果避免不了，也可以随它去，不必多操心。此外，有些恶行，如果他不去做就不能坐稳江山，那就不要担心会因它们留下骂名。因为，对一切仔细进行了分析之后，他会发现，有些行为看上去是善行，如果照着做会给他带来灾难，而有些行为看上去是恶行，如果照着做，却能让他得到安全幸福。

## 第十六章
## 关于慷慨和吝啬

上面开头列举的几个品质中,第一个我就说慷慨是一种优秀品质。但是要慷慨到能为自己带来声望所需的程度,那就对你自己有害无益,因为你如果适度恰当地慷慨,就不会被认为是慷慨,而要背上相反的坏名声。因此,君主为了保持慷慨的名声,就不得放弃任何形式的奢华,以致有这种品质的君主总要在这类事情上倾家荡产,而且最终为了保住慷慨的名声,不得不额外加重人民的负担,加重赋税,千方百计地聚敛钱财。这就要引起臣民的仇恨,自己也由于变得穷困而被人瞧不起,从而由于他的慷慨少数人得利,多数人受害,他自己也一遇到骚乱就经受不住,刚遇到危难就会垮台。但如果他觉察到这种弊端，并想停止这样做，那他马上又会背上吝啬的名声。

因此，任何一位君主，如果要靠慷慨这种美德为自己带来声望，难免会对自己造成损害，那么他如果慎重的话，就不要介意吝啬的名声。因为当人们看到，他由于节俭而入可敷出，可以抵御来犯之敌，能够挥师出征而不加重人民的负担，这样就无意中对未被他掠夺的绝大多数人表现出了慷慨，而对未得到他施与的极少数人表现出了吝啬。久而久之，他就会被认为是慷慨的。在现代，我们看到只有被认为是吝啬的人才能成就大业，而其他慷慨的人都是一事无成。教皇尤利乌斯二世在借助慷慨的名声登上教皇宝座之后，为了有钱打仗就完全不再顾及这种名声了；当今的法国国王多次参与战争，也仅仅用他长期的积蓄作为这些额外的费用，并不要征收特别税；当今的西班牙国王，他要是慷慨大方，也不能办成大事，成就大业。

因此，作为君主，要想不搜刮民脂民膏，不巧取豪夺而能够拥有充足的国防费用，不会变得穷困可悲，那他就不必在意被别人看成吝啬的人，因为正是这个缺点能让他统治天下。如果有人说，尤利乌斯·恺撒就是靠慷慨当上皇帝的，还有许多慷慨的人也爬上了高位，我就反驳他说，这要看你已经是君主，还是正在升任君主的途中。如果是第一种情况，慷慨毫无用处，如果是第二种情况，慷慨就大有必要。恺撒是想当罗马皇帝的两个人之一，但是要是他在登上宝座以后，继续慷慨下去，不取消这些庞大的开支，他就会毁掉罗马帝国。如果有人辩驳说，许多被认为十分慷慨的君主，在进行战争时都干成了大事呀，我就反驳说，这要看他耗费的钱财是他自己的或是臣民的，还是他人的。在第一种情况下，他必须吝啬，而在第二种情况下，他就绝不应该放弃慷慨。一个带兵打仗的君主，靠掠夺、洗劫城市、俘虏的赎金过日子，挥霍他人的财富，这种慷慨对他来说就非常必要，否则士兵不会服从他。对于那些不属于你，或不属于你的臣民的东西，你可以出手最大方，就像居鲁士、恺撒和亚历山大那样。因为耗费他人的财富不会败坏你的好名声，却能为你增光。只有耗费你自己的财富，才对你造成损害。世上没有什么东西像慷慨那样自己消耗自己的，因为当你慷慨时，也就失去了慷慨的手段，最终不是变得穷困可悲，就是为了想摆脱贫困而变得贪婪可恶。然而，对君主来说，最重要的就是，特别当心不要变得又可恨又可悲，而慷慨就会使你变成这样。所以，能受得住吝啬的名声（这种名声虽不好听，但不会招人仇恨），比想得到慷慨的名声而最终却得到令人憎恨的名声要好。

# 第十七章
## 论残忍与仁慈以及被人爱戴和被人敬畏哪种情况更好

下面来讨论以上列举的其他品质。我认为，任何君主肯定都想被人看成仁慈的人，而不想被人看成残忍的人。但是君主必须特别当心，不要滥发慈悲。塞扎尔·博尔吉亚在人们眼中是个暴君，但他的残暴终使罗马尼亚改变了面貌，使人民团结，过上和平安宁的生活，对他忠诚不渝。而佛罗伦萨人为了避免残暴的恶名，任凭皮斯托亚城被人毁灭。这样仔细分析起来，倒觉得塞扎尔·博尔吉亚比佛罗伦萨人要仁慈得多。所以，君主为了使臣民团结一致，对他俯首帖耳，就必须不惜背上残暴的恶名。他比那些由于过于心慈手软而让骚乱此起彼伏谋杀抢劫成风的人，更显得仁慈些。因为君主实施的镇压只伤害到个人，而他的仁慈却危害全体人民。在所有的君主中，新君主上台都免不了要背上残暴的恶名，因为一个新国家正危机四伏，所以古罗马诗人维吉尔通过狄多女王的口说道：

> 我的王国如此幼弱，
> 我的处境十分危险，
> 我要采取严厉手段，
> 保卫国家和平安全。

不过，君主不应轻信他人，草率行事，也不应胆小怕事，而应以一种适度的方式行事，既明智又仁慈，以免因过于自信失去谨慎，因疑心太重令人难以容忍。

由此产生了一个问题，即被人爱戴和被人畏惧哪种情况更好些？我认为两者君主都应该做到。不过，如果两者很难兼顾，那么被人畏惧要比被人爱戴安全得多。因为一般可以说人都是忘恩负义、反复无常、心怀叵测、惧怕危险、贪得无厌的。就像前面所说的那样，当你目前还不需要他们的时候，只要你对他们有利，他们都会跟着你，要把他们的鲜血、财产、生命乃至孩子都交给你，可是当你急需他们的时候，他们就躲得远远的了。如果君主仅仅听信他们的话，自己不做其他任何准备，那他就必定垮台。因为这种爱戴是靠金钱而不是靠高尚的品质获得的，你尽可以感受它，却不能拥有它，到需要时也不能利用它。人们伤害被他们爱戴的人，比伤害被他们畏惧的人顾虑要小些，因为爱戴的情感是靠恩惠这个纽带维系的，而人都是恶人，只要个人利益需要，这种纽带随即断裂，而敬畏则是靠人们对无法摆脱的惩罚的畏惧来维持的。但是君主让人敬畏时应该做到，即便他得不到别人的爱戴，至少也要避免受到敌视，因为他是完全可以做到既被人敬畏又不被人仇恨的。如果他不去攫取他的公民与属民的财产和妻女，这点就总能做到。即使他非要处死某人不可，不能没有正当的理由，也不能不加以有充分证据的罪名，但绝不要攫取别人的财产，因为人们对父亲的死记不住，但对家产的丧失却是刻骨铭心的。再说，剥夺别人财产的理由有得是，靠掠夺别人过活的人总能找到理由去侵占他人的财产，而要把人处死的理由却不好找，而且消失得也快。

然而，如果君主统率着一支军队，指挥着许多士兵，那就根本用不着介意残暴的恶名。没有这个恶名，军队就会像一盘散沙，不能应付任何军事行动。有人在叙述汉尼拔的丰功伟绩时就说到过这样一件事：汉尼拔率领一支由许多民族的人组成的庞大军队，在陌生的地区作战，但这支军队从未产生内讧，也从未发起对君主的叛乱。原因除了汉尼拔的残酷没有人道的治军手段外，别无其他。这种手段加上他的无限能力，让他在士兵面前始终显得可敬又可怕。而没有这种手段，他的其他能力是不能产生如此大的效力的。有些著述者对这点不清楚，于是就一面对他的成就啧啧称奇，一面却对他获得成就的这个主要原因大加谴责。君主单靠其他能力确实不够，西庇阿的例子很容易证明这一点。西庇阿不仅在当时，就是有史以来也算得上一位非凡人物。而他的军队在西班牙就对他发动过叛乱，原因就是他对士兵太迁就太仁慈，让士兵太自由太放纵，与军事纪律格格不入。法比阿斯·马克西莫斯为此在元老院指责他，说他败坏了罗马军队的风纪。甚至洛克里斯人遭到西庇阿一个省督的烧杀劫掠，他也不替他们报仇，不对这个省督进行责罚，这都是由于西庇阿过于随和的秉性造成的。因此，有人想在元老院面前替他辩护，说有许多人像他这样，完全知道怎样不去犯错误，但不知道怎样去惩戒别人的错误。假如西庇阿继续掌握兵权，久而久之，这种秉性就会毁掉他的声望和荣誉。但由于他的行动受着元老院的制约，这种有害的品质才不仅没有暴露出来，反而使他受到更多的赞誉。

因此，关于我所说的被人敬畏与被人爱戴的问题，我所得出的结论是，由于人们爱戴君主是出于他们自己的意愿，而敬畏君主则由君主的意志决定，因此，贤明而谨慎的君主应该以取决于自己的东西为本，而不应该以取决于他人的东西为本，而且正如我在前面所述，只是尽量不要被人仇恨。

# 第十八章
## 君主应该如何守信

一位君主能恪守信义，为人正直，而不是耍阴谋诡计，欺诈诓骗，他就能备受称颂，这个道理人人皆知。但是我们从当今的历史经验知道，那些对信义并不看重的君主，那些会利用阴谋诡计来智胜他人的君主，才能够成就伟业，最终战胜那些以诚为本的人。

我们应该知道，斗争的方法有两种：一种是通过法律；另一种就是靠武力。第一种为人类所特有，第二种则属于野兽。不过单靠第一种方法往往不够，也要求助第二种。所以，君主必须很会利用野兽的方法和人类的方法。古代的作家早就用含蓄的语言将这条准则教授给了君主。这些作家叙述了阿喀琉斯和古时候许多其他伟大的君主如何被交给半人半马的怪物喀戎，按他的方法受教成人的故事。他们让一个半人半兽的怪物作为君主的太傅，意思就是要让一位君主必须知道利用人类和野兽的两种本性，并且要知道，这两种本性若只利用其中任何一种都难以持久。既然君主必须利用野兽的本性，那就必须既要选择狐狸的本性，也要选择狮子的本性。因为单是狮子不能提防陷阱，单是狐狸又不能抵御恶狼，所以君主既应该像狐狸，能够识破圈套，又应该像狮子，让狼闻风丧胆。那些只想行如猛狮的人，对此一窍不通。因此，一位明智的统治者，如果恪守信义反倒没有好结果，并且促使他做出承诺的理由又不再存在，他就不能恪守它。因为，假如人个个都诚实正直，我的话就等于白说了，但是人的本性都是恶的，人们不会对你忠诚，因此你也不必对他们恪守信义。而君主要粉饰他的失信行为，合适的理由也多得是。当今这方面的例子举不胜举。人们可以看到，由于君主们的失信，多少和平条约和诺言都成了一纸空文。行为最像狐狸的人，就最容易获得成功。但是君主必须熟知怎样去粉饰这种秉性，非常会乔装打扮，而人们的头脑也非常简单，而且只顾及眼前的需要，所以君主总能找得到让他蒙骗的人。

　　最近就有一例，我不想略过不谈。教皇亚历山大六世除了欺骗之外什么事都不做，除此之外什么都不想，而且总能找到这样做的适当理由。他在允诺时斩钉截铁,肯定一桩事情信誓旦旦,却很少去信守,这一点从未有人能胜过他。然而,由于他深谙此道,所以他的欺骗行径总能让他如愿以偿。因此,君主不必具备我在前面列举的所有优秀品质,但必须做到看上去具备了这些品质。我甚至完全敢说,如果君主具备这些品质,并且恪守它们,那么它们对他是不利的;而如果他装模作样像是具备这些品质,它们却是有益的。比如装作有怜悯心、诚实可靠、有人情味、廉正自律、笃信宗教,并且要这样为人处世,但是君主的头脑要拿定主意,即当情势不允许他这样为人处世时,能够并且知道怎样按相反的品质行事。还应该记住,君主,尤其是新君主,绝不可老老实实遵守做一个正直的人所必备的所有这些条件。因为,君主为了维持他的国家,常常不得不言而无信、心狠手辣、背弃信仰。因此他必须在思想上有所准备,根据命运和事物变化的趋势,随时准备见风转舵,而且要像我所说的那样,若有可能,不要放弃行善,而若有必要,也知道去作恶。

所以,君主必须特别注意,不要说有悖于以上所列五种优秀品质的话,要让看到他和听到他说话的人都以为他是个大慈大悲、诚实可靠、为人正直、信仰虔诚的人。装作具备最后一种品质最有必要。一般来说,人们判断事物多是用眼睛,而不是用手,因为每个人都能够用眼睛观察,而能够用手直接接触的人为数不多。人人都能看清你的外表,但极少数人能觉察出你的真实为人。而由于多数人有国君为他们撑腰，因此这极少数人也不敢反驳多数人的意见。由于对于所有人的行为，尤其是君主的行为，无法求助于其他评判者来评判，于是就要看其结果如何。所以，一位君主如果打算要以征服和维护国家为其目的，那么他的手段总是冠冕堂皇的，都会受到大家的称颂。因为平庸之辈只根据他们的所见和所发生的事情来判断，而这个世界只有平庸之辈。当多数人有倚仗时，少数人的意见就算不了什么。现时就有一位国君[31]（我不好指名道姓），他虽言必称和平与信义，但对这两者都极端仇恨。假如他真能做到维护和平或恪守信义，那么他的声望或国家就要屡屡丧失了。

第十九章
人应该避免被人仇恨和蔑视

前面提到的品质中，我已经论述了其中最重要的，对于其余品质，我要简短地泛泛地讨论一下，即像我在前面略微说到过的，君主应该考虑怎样避免做出被人仇恨和蔑视的事情。只要他能够做到这一点，他该做的也都做了，其他恶名都不会给他招致危险。正如我所说过的，所有行为中最遭人痛恨的，就是强夺臣民的财产和妻女，因此君主绝不可这样做。因为如果你不剥夺人们的财产，不使他们受辱，他们就心满意足，而君主只需挫败少数人的野心，而做到这一点并不难，方法也很多。如果君主表现得变化不定、举止轻浮、软弱无能、胆小怕事、优柔寡断，就会被人蔑视，因此他必须像避开海中的暗礁一样防止这些表现，力求让自己的行为显出一种伟大、庄重、严肃、刚毅，并且要做到对于臣民的阴谋所做的判决是不得撤销的，要让臣民普遍对他抱有这样一种看法，即任何人别想欺骗他。

君主如果给人这种印象，就能获得威望。对于有这种威望的君主，有人想谋反他、攻击他就不容易，至少当人们认为他是一位杰出的可敬可畏的君主时是这样。因为君主必须担心两个方面的攻击，一是国内臣民的攻击，一是外部势力的攻击，他要依靠军队和盟友的力量来抵御这些攻击。而倘使他拥有强大的军队，他就可能有可靠的盟友，而且只要没有外来威胁，除非意外发生阴谋骚乱，国内也总是太平的。再者，即使外部势力蠢蠢欲动，如果君主部署得当，并且像我所说的那样为人处世，那么只要他本人不气馁，就能像前面所述的斯巴达的纳比斯一样，总能抵抗住一切攻击。但是，在外事不吃紧时，君主必须当心臣民策划阴谋。而如果君主不被人仇恨和蔑视，所作所为都合乎民意，那么他就完全不用担心这一点，正如我已经充分阐述的那样，这是必然的结果。君主防止国内出现阴谋反叛的最有效的措施之一，就是不要被人民仇恨和蔑视。因为谋反者总以为他杀死君主会让人民满意，但如果想到会冒犯人民，就不敢下手，因为会遇到重重困难。历史经验表明，谋反者数不胜数，但能圆满成功者寥寥无几，皆因谋反者不能单独行事，找人入伙也只能找那些他认为对君主心怀不满的人。然而，一旦谋反者向一个心怀不满的人泄露天机，也就给了此人志得意满的机会，因为他要是揭发谋反者，就有希望从中得到他想要的一切，因此如果他觉得站在君主一边确实有利可图，而站在谋反者一边则命运难卜且有杀身之祸，那他一定是谋反者难得的可靠的盟友，或者是君主的死对头，才会对谋反者恪守信义。用几句话概括一下，可以这样说，在谋反者一边充满恐惧和猜疑，还要担心可能受到惩罚，而君主拥有君权的威严和法律，拥有保护他的盟友和国家，除此之外，还拥有民众对他的爱戴，因此任何人都不敢贸然发动谋反。因为，谋反者在行动之前一般都要担心有厄运临头，在这种情况下，由于谋害了君主，他就成了人民的敌人，别指望能够逃脱惩罚，所以在行动之后，就更要担惊受怕。

关于这一点可以举出许多例子，但我认为仅举一例就足以说明问题。这个例子我们的父辈还记忆犹新。当今安尼巴勒阁下的祖父安尼巴勒·本蒂沃利奥，是当时的博洛尼亚君主，被坎内斯奇谋杀了，整个家族除了尚在襁褓中的乔万尼·本蒂沃利奥[32]外，无一人幸免。人民立即群情激奋，把坎内斯奇家族也统统杀光。这就是当时人民对本蒂沃利奥家族的爱戴所致。这种爱戴之情如此之深，以至于尽管在安尼巴勒死后其家族无人能继任君主，但当人们听说佛罗伦萨有本蒂沃利奥家族的一位后裔（当时一直被认为是一个铁匠的儿子），就派人把他请去，让他统治博洛尼亚，直到乔万尼·本蒂沃利奥阁下长大成人，亲临朝政。

总而言之，君主只要受到人民的爱戴，就不必对阴谋叛乱过于担心，但假如得不到人民的爱戴，反而被他们仇恨，那他就得处处提防任何人。所以，凡是治理得很好的国家和贤明的君主，都小心翼翼地力求不把大贵族逼到绝境，并让人民满意，因为这是君主的一件头等大事。

法兰西王国是当今人们所知的统治得很好的国家之一。它有许多完善的制度，是国王自由和安全的保障，其中最重要的制度是最高法院及其权力。因为奠定这种王国政体的人，了解达官显贵们的野心和自负，认为他们的嘴上必须套上马嚼子，受到约束；另一方面，他由于知道民众对权贵们因恐惧产生了仇恨，也为了让人民安心，就规定国王不要亲自担当最高法院的职务，以便他在安抚人民时不会与大贵族结仇，在厚待贵族时又不会引起人民的怨恨，因此他指定了第三方仲裁者。这个仲裁者能压制权贵，也能保护庶民，却不给国王招惹麻烦。这种制度最审慎最周到，对国王和国家也最安全。由此可以得出一个非常有用的告诫，即君主应该让他人去担当招惹怨恨的角色，自己去做能沽名钓誉的事情。总之，君主应该倚重大贵族，但不可引起人民的仇恨。

许多人可能认为，如果仔细分析一下几任罗马帝国皇帝的生平和死因，有不少例子与我的看法大相径庭。他们指出，这些皇帝一生为人处世无懈可击，也表现出非凡的才智，但最终还是丧失了帝位，或被他的属下谋杀。因此，为了回答这些疑问，我想讨论一下这些皇帝的品质，找出他们垮台的原因，而这些原因与我已经指出的那些原因并无不同。同时，我还要对值得研读这段历史的人牢记在心的那些事实进行分析。我认为列举从哲学家马尔库斯开始到马克西米安努斯为止的那些罗马皇帝就够了，其中包括马尔库斯及其儿子康茂德、佩提那克斯、朱利安努斯、塞维鲁及其儿子安托尼努斯·卡拉卡拉、马克尼努斯、赫里奥加巴卢斯、亚历山大和马克西米安努斯。首先我们应该注意到，在其他君主国，君主只需对付大贵族的野心和人民的骚乱，而罗马帝国的皇帝还有一种困难，即要满足士兵的贪欲，容忍士兵的残酷行为。要让士兵和人民都能满足，这事非常难办，终使许多人垮台。因为人民热爱和平与安宁（所以他们喜爱温和的君主），而士兵则喜欢好战的君主，喜欢桀骜不驯、残酷无情及掠夺成性的君主。他们希望君主以这种品质对待人民，这样他们就能得到双倍的报酬，使他们的贪欲和暴戾之心都得到满足。所以，在品质或手段上都不具备足够大的声望来赢得士兵和人民的罗马皇帝，都必定要垮台。其中大多数人，特别是那些新登基的皇帝，发现这两种截然相反的品质难以兼备，便转而满足士兵，对苛待人民也不太在意了。他们必须采取这种方法，因为君主难免会被某些人怨恨的，但重要的是，他们首先必须竭力避免被所有人怨恨，如果做不到这一点，就应该千方百计力求避免遭到其中势力最强的那些人敌视。这些罗马皇帝由于刚刚上台，特别需要得到支持，因此就要站在士兵一边，而不是站在人民一边。而这样做对自己是否有利，就要看他们是否在士兵和人民中都能维持声望。由于上述原因，在马尔库斯、佩提那克斯和亚历山大这些生活朴素、坚持正义、厌恶暴虐、宽厚仁慈的皇帝中，除了马尔库斯外，结局都十分可悲。马尔库斯由于是世袭皇帝，不必得到士兵或人民的认可，因而生前死后都深受敬重。此外，还由于他具备许多令人敬仰的美德，毕生都能把各方势力控制住，从未遭人仇恨，也不受到蔑视。但佩提那克斯当皇帝却不合士兵的心意，因为这些士兵在康茂德皇帝当政时，已习惯于放任自流，受不了佩提那克斯皇帝要他们过的那种安分守己的生活，对他怀恨在心，还不把他放在眼里（因为他年事已高），于是在他刚刚登上帝位时就把他废黜了。

由此我们应该注意到，行善与作恶都会招惹怨恨。因此，正如我在上面所说，如果君主想守住他的国家，常常不得不去作恶。因为如果君主赖以维持统治的社会集团（不管它是人民、军队还是贵族）已经堕落，而他必须迎合讨好他们，这时行善就对他不利。现在我们来看看亚历山大，他是一位非常仁慈的皇帝，在他的许多功德中就有这样一条，即他在位十四年，从未不经正常审判就处死任何人。然而，由于他背上了软弱无能及受其母亲管制的名声,军队就谋反他,把他杀了。

与此相反,现在我们来讨论康茂德、塞维鲁、安托尼努斯、卡拉卡拉和马克西米安努斯的品质,我们就会发现他们个个都惨无人道,掠夺成性。因为,为了让士兵称心如意,他们用各种不正当的手段来欺辱人民,因此除了塞维鲁之外都没有好下场。塞维鲁很有手腕,由于与军队搞好了关系,尽管人民遭受着他的折磨,他仍然能坐稳江山。因为他具有一些才能和优点,能博得士兵和人民的称颂,人民对他佩服得五体投地,士兵也崇敬他,对他感到满意。因为作为一位新君主,他的功绩委实不凡,因此,我想简要说明一下他是如何善于同时扮演狮子和狐狸的角色的。我在上面已经说过,君主必须仿效狮子和狐狸的品性。塞维鲁了解到朱利安努斯是个昏庸无能的皇帝,便对自己在斯拉沃尼亚统率的那支军队鼓吹,应该开到罗马去,为被禁军杀害的佩提那克斯皇帝报仇。于是他就以此为借口,丝毫不表露出对皇位的企求,挥师进逼罗马。人们还不知道他是否出发,他就已经出现在意大利了。元老院害怕他,就选他当皇帝,[33]而把朱利安努斯处死了。开局既如此,塞维鲁要想成为整个帝国的霸主,尚存在两大障碍:一是在亚洲,亚洲军团的统帅尼格罗已经称帝;一是在西方,阿尔比努斯也在觊觎皇位。塞维鲁明白,要同时与这两个人为敌是非常危险的,于是他计划一边攻击尼格罗，一边欺骗阿尔比努斯。他写信给阿尔比努斯，说自己虽已被元老院选为皇帝，但愿意与他一起分享皇位，要把恺撒的称号授予他，还说元老院已经做出裁决，让他俩共同拥有帝国，阿尔比努斯对此信以为真。然而，塞维鲁在赢得胜利并杀死了尼格罗之后，就在元老院告阿尔比努斯的状，说阿尔比努斯忘恩负义，竟背信弃义盘算着谋害他，因此，他不得不对阿尔比努斯加以惩罚。接着就在高卢找到阿尔比努斯，剥夺了他的统治权，并把他处死了。

因此，如果我们对塞维鲁的所作所为仔细进行分析，就会发现，他既是头凶恶的狮子，又是只奸诈的狐狸，还会发现，他被所有人敬畏，却没有招致士兵的仇恨，也不会对他虽出身寒门，却能统治如此强大的帝国而感到惊讶。因为他的崇高威望胜过人民对他的掠夺行为可能怀有的仇恨。其子安托尼努斯也是一位具有多种美德的杰出人物，这些美德使他受到人民的称颂，也得到士兵的崇敬。因为他出身行伍，能吃苦耐劳，不讲究饮食，也没有其他嗜欲，这就使他受到全军将士的爱戴，但是他凶残成性，无与伦比。他进行了许多次骇人听闻的大屠杀，处死了罗马城里的大部分人民和亚历山大城的全部居民。他遭到所有人的痛恨，也使他身边的人感到恐惧，最终被他军队里的一个百人队长杀死了。

关于这一点，我们应该注意到，由于这样的谋杀是绝望之人的拼死之举，任何不怕死的人都会干，因此君主对此防不胜防。但君主也不必格外担心，因为这种谋杀毕竟是很少发生的。他所要注意的只是不要严重伤害在他身边为他效劳或掌管他的重要事务的人，别像安托尼努斯那样，将那个百人队长的兄弟凌辱处死后，还天天威胁他，却仍然让他充当自己的卫士。这个错误犯得实在太大了，最终让他丢掉了性命。

现在我们来谈谈康茂德。因为他是马尔库斯的儿子，拥有世袭权，所以他非常轻松地登上了帝位。他只需因袭他父亲开辟的道路，让人民和士兵都感到满意就行。但是他惨无人道，为了满足对人民的掠夺癖，开始与军队沉瀣一气，任凭士兵胡作非为。另外，他不顾自己的身份和威严，常常混迹于角斗场，与角斗士搏斗，还干了其他丢尽皇帝颜面的丑事，被士兵们瞧不起。这样，由于他一面被人民痛恨，一面又被士兵蔑视，终于被谋反者杀死。

下面还要说说马克西米安努斯的品质。他是一个战争狂人。由于士兵厌恶亚历山大的软弱无能（我在前面已经谈到他），于是杀死了亚历山大，拥立马克西米安努斯为皇帝。但是他的宝座没坐多久，就因为两件事情使他遭人仇恨和蔑视：一是他出身过于卑微，曾在特拉斯放过羊，这件事家喻户晓，因此人人都看不起他；二是他在统治之始迟迟不去罗马即位，而让在罗马及其他地方的军事长官犯下大量暴行，使自己给人留下一个极端残暴的君主印象。结果整个世界都对他的出身卑微愤愤不平，也因对他残暴的恐惧而痛恨他，于是非洲首先开始叛乱，接着元老院和全体罗马人民乃至整个意大利都在谋反他。加之他的军队围攻阿基雷亚时受挫，对他的残酷也深感不满，并且发现他树敌太多，就不再怕他了，于是就谋杀了他。

我不想谈及赫里奥加巴卢斯，也不想谈及马克尼努斯或朱利安努斯，因为这些人毫无可敬之处，个个都是昙花一现。但我要对以上的讨论做一下总结。我认为，当代君主在实行统治时要使军队特别满意，并没有那么多困难，尽管必须照顾军队的利益，但要做到很容易，因为现在君主的军队不像罗马帝国的军队。那时候的军队根基与依靠他们实行统治的地方政权同样深厚，因此，之所以当时的君主必须满足军队，而不是满足人民，是因为军队的势力比人民强。而如今，人民的力量比军队强，因此除了土耳其皇帝外，所有君主最重要的是要让人民满意，而不是让军队满意。之所以把土耳其皇帝除外，是因为他手上始终掌握着一支由一万两千步兵和一万五千骑兵组成的军队，王国的安全和力量就靠他们，因此他必须一心一意地与军队保持亲善。类似的还有苏丹的王国，它就完全控制在军队手里，所以苏丹必须和土耳其皇帝一样，与军队保持亲善，很少顾及人民的利益。我们应该注意到，苏丹的国家与所有别的君主国不同，它类似于基督教徒的罗马教廷，既不能称作世袭君主国，也不能称作新君主国。因为老君主的儿子不是王位继承人,也不能保有贵族地位,继承王位的是由有权势者推举到这个地位上的人。但这种制度非常古老悠久,因此不能称其为新君主国。它也不存在新君主国所面临的困难,因为虽然君主是新的,而政体是旧的,而且规定把新君主当作世袭君主一样来接受。

现在,我们来言归正题。我认为,谁要是对上述讨论仔细分析一下就会发现,上面提及的罗马皇帝倒台的原因就是被人仇恨与蔑视,还会认识到仇恨与蔑视是如何产生的,即其中一些人的行为遭人痛恨,而另一些人的行为被人蔑视。两种人中各只有一位有幸运的结局,其他人的下场都可悲。这是因为,由于佩提那克斯和亚历山大是新君主,因此要仿效因世袭权而继承皇位的马尔库斯无济于事,而且有害无益。同样,卡拉卡拉、康茂德和马克西米安努斯效法塞维鲁也是危险的举措,因为要想步塞维鲁的后尘,他们的才智还远远不够。所以,作为一个新君主国的新君主,不可模仿马尔库斯,也不必模仿塞维鲁,而是应该从塞维鲁那里学习建国之道,从马尔库斯那里汲取经验,荣耀地守住根基已经非常安全坚固的江山。

## 第二十章
## 要塞、堡垒以及君主们
## 每日做的其他事情有益还是有害

有些君主为了坐稳江山，解除了臣民的武装，另有些君主让各个城邦的各派势力维持存在；有些君主自己树敌，另有些君主想赢得在统治之始并不信任自己的人的支持；有些君主筑造堡垒，另有些君主却把堡垒夷为平地。虽然我们由于未对采取这些举措的国家进行具体分析，因而不能做出确切的判断，但我可以按事物本身所允许的一般方式来谈一谈。[34]

从来没有一位新君主解除属民的武装，相反，如果君主发现属民没有武装，一般都要给予他们武装。因为给了属民武装，自己就拥有了武装，原先不信任自己的人也忠于自己了，原来就忠于自己的人仍然保持忠诚，而属民也成了自己的支持者；又由于不能把全体属民都武装起来，这样有武装的人就感到高兴，而对于没有武装的人，统治就会更加安全。人们看出君主对他们态度有别，因此有武装的人就对君主怀有感激之情，而另一部分人想到有武装的人职业比较危险，责任也比较重大，理应有较大的功劳，因此也就对君主表示谅解。但是，君主要是解除属民的武装，这就开始得罪他们了，因为这表明君主对他们不信任，把他们看成懦夫或叛徒，都会让他们对君主怀恨在心。而君主不可没有武装，于是就必须依靠雇佣军。雇佣军作用如何，我们已在前面说过了。就算雇佣军是好的，君主也不能用它来防备强大的敌人和不可靠的属民。因此，正如我所说，新君主国的新君主总要武装他的属民。历史上这种例子非常多。不过，如果一位君主新近征服了一些地区，要把它们并入老君主国的版图，就必须解除这些地区的所有武装，只是在征服期间为君主效劳过的军队除外。而就是对于这种军队，也要逐步地不失时机地削弱它。简言之，就是要做到这一步，即国家的全部武装都掌握在君主手中，在本土驻扎在君主身边。

我们的前人和被看作贤哲的那些人常说，要守住皮斯托亚，必须利用各派势力之间的纷争，要守住比萨，必须利用堡垒。在意大利的各派势力大致势均力敌的时候，[35]这样做兴许能奏效，但我认为在当今这种做法就不足为训。因为在我看来，分裂永远不会有好处，相反，当一个内部纷争迭起的城邦面临敌人大军压境时，便不堪一击。因为城邦中较弱的势力会自愿与来犯之敌勾结起来，而另一派则势单力薄，无力抵抗敌人。我认为，威尼斯人就是出于这种考虑，在所属的城邦中扶植了归尔甫派和吉伯林派两大集团。虽然从未让两派之间爆发流血冲突，但在他们之间制造不和，这样市民们就不能团结起来反抗威尼斯人。但是，历史经验证明，这样做结局并不妙。因为当威尼斯人在瓦依拉刚刚战败，这些城市中的一派势力便勇气倍增，一举从威尼斯人手中夺取了整个国家。所以，这种举措暴露出君主的软弱之处，一个强大的君主国绝不能允许这种纷争发生。理由是，这种纷争只在和平时期对君主有益，此时他用这种手段控制臣民比较容易，但是一旦发生战争，这种手段就不太安全了。

当君主们克服了种种困难，完成了大业，无疑就成了伟大人物。因此命运之神，尤其是当她要使一个新君主成为大人物时（新君主比世袭君主更需要获取声望），便为他树起一些敌人，采用一些计谋来对付他，以便他能有机会挫败敌人，踏着敌人为他竖起的梯子往上攀。甚至许多人都认为，一位明智的君主，一有机会就应该巧妙地树起一些敌人，以便通过战胜这些敌人来抬高自己的威望。

君主们（尤其是新君主）发现，在立国之始并未得到君主信任的人，比一开始就得到信任的人更忠实更可靠。锡耶纳的君主潘多尔福·佩特卢奇治国所利用的人，大多是他曾经怀疑过的人。但是我们不能说这种情况很普遍，因为这要视臣民的情况来定。我只想说一种情况，那就是，一开始曾经反对君主的人如果处在这样一种处境，即需要君主支持才能维持自己的地位，那么君主要争取他们就很容易。而他们认识到必须用实际行动来消除以前给君主留下的坏印象，于是就不得不更忠实地为君主效劳。这样，君主从他们身上得到的好处就比从其他人身上得到的好处多。其他人由于对君主非常放心，为他干事就不十分卖力。

  既然问题讨论至此，我想不能不提醒刚刚靠当地人支持征服某块领地的君主，必须对那些人支持他的原因认真进行分析。如果这种支持不是出自内心，而仅仅是出于对以前的统治方式的不满，那么他就很难与这些人亲善下去，因为他不可能满足他们的要求。如果君主通过一些可从古代和现代史料中抽出的事例，对发生这种情况的原因认真进行分析，就会发现，曾经支持前君主，与自己为敌的人，比那些因仇恨前君主而投靠他，支持他占领其祖国的人，更容易成为自己的朋友。

  君主们为了能更安全地守住江山，照例都要修筑要塞和堡垒，用来扼制图谋反抗的人，遇到突发暴乱时又能用作安全庇护所。这种方法历史悠久，深得君主们的青睐。但是在现代，尼古拉·维特利阁下为了守住卡斯特洛城，却把该城的两座堡垒拆毁了。乌尔比诺公爵圭多·乌巴尔多曾被塞扎尔·博尔吉亚逐出自己的领地，光复后即把所有的堡垒夷为平地，他认为，没有了这些堡垒，下次就不会这么快丢失江山了。本蒂沃利奥收复博洛尼亚时，也采取了这种行动。这么说来，堡垒有利也有害，因时而异，有时有用，有时却惹祸。对这个问题我们可以这样认为，如果君主不怕外敌，而是害怕人民，那就必须修筑堡垒，否则就不必对此操心。弗朗切斯科·斯福尔扎修筑的米兰城堡，已经而且以后还会给其家族带来祸害，这些祸害比国内发生的任何骚乱都要严重。因此，最坚固的堡垒就是不要被人民仇恨。因为虽然你拥有堡垒，而如果人民对你怀恨在心，堡垒就救不了你，因为当人民拿起武器时，外敌就必定要来帮助他们。在现代，除了弗利伯爵夫人外，我们未曾见过堡垒给哪一位君主带来多大好处。弗利伯爵夫人在其丈夫死后，就躲在城堡里，以此来逃避愤怒的人民，等候米兰派兵援救，收复失地。而按当时的事态，外敌还不会来支援她的人民。后来当塞扎尔·博尔吉亚进攻她，并与她的人民结盟时，堡垒就不起多大作用了。所以说，这次与上次一样，对于她的安全最要紧的还是与人民维持亲善关系，而不是堡垒。这样全盘考虑，我就赞赏修筑堡垒的人，也赞赏不修筑堡垒的人，但我反对那些只依赖堡垒，却把被人民仇恨不当回事的人。

## 第二十一章
## 君主应怎样为人处世来获取声望

没有什么事情像完成宏图大业和做出让人永志不忘的典范那样,能让君主获得世人尊敬。现今的西班牙国王,阿拉贡的费尔迪南德就是这样一位君主。他靠着荣誉和声望,由一个小小的国王成为众多基督教国家中一流的国王,因此完全可以称他是一位新君主。如果我们分析他的所作所为,就会发现,它们都是丰功伟绩,其中有些甚至是无与伦比的。他在即位之始就进兵格拉纳达,并以此举作为他的国家的奠基。开始他就进行得十分顺心遂意,不担心会受到阻力。他把卡斯蒂利亚的贵族们的精力都吸引到这上面来,这些贵族由于忙于战争,对他的任何创新之举都不过问，而他不知不觉就获得了威望与权力。他能够用教会和人民的钱财来维持军队的开支，通过旷日持久的战争来奠定其军队的基础，而这支军队后来就为他争得了荣誉。此外，每当他准备进行较大规模的军事行动时，都要利用宗教，这样他就能心安理得地使用神圣的暴力，把已皈依基督教的犹太人和穆斯林赶出他的国家，并对他们大肆屠杀。这种范例十分可悲，也是世上绝无仅有的。他还打着这种幌子入侵非洲，进犯意大利，最后还向法国宣战。他就是这样不断地策划和实施他的远大抱负，始终让他的臣民对他抱有期望，钦佩他的成就，挂虑他的结局。他能够一次接一次地发动战争，这样他的臣民就永远不会闲着没事找他麻烦。

君主在国内政务中也能干一番千古留名的事业，从中得到许多好处，就像巴尔纳贝·维斯康蒂喜欢做的那样。如当任何人在处理国内事务时，干出了惊人的好事或坏事，他都能找到新的惩罚或奖赏手段，让人们津津乐道。但最重要的是，君主应该尽力让自己的全部行为赢得崇高声誉。

如果君主爱憎分明，即表露对一方的偏爱和对另一方的憎恨时毫不迟疑，他也能得到人们的崇敬。这种方式比不偏不倚的态度获益更大。因为，如果你的两个邻国势力都很强大，正准备相互开战，那么根据它们的性质，你可能对其中获胜的一方感到害怕，也可能不用害怕。如果在这两种情况下，你都旗帜鲜明地表明自己的立场，那就只有好处，没有坏处。因为，在第一种情况下，如果你不表明自己的态度，就肯定要成为获胜方的战利品，战败方也会幸灾乐祸，而你找不到任何理由来保护自己，也没有邻国肯援助你。因为获胜国不愿要你这种在紧要关头不提供帮助的不可靠的朋友，而战败国也不愿援助你，因为你没有与它并肩作战，共渡难关。

安蒂奥科斯为了把罗马人驱逐出境，受埃托利亚人派遣进军希腊之后，即派说客到罗马人的盟友亚加亚人那里，请求他们保持中立，而罗马人则要他们派兵参战。这个问题被提交给亚加亚的议会进行讨论。其间安蒂奥科斯的使者向他们指出，他们应该保持中立。罗马人对此予以反驳："至于你们所说的不要参战，此言极谬！没有恩惠，又不受尊重，你们就会成为胜者的战利品的。"

你总能发现，不是朋友的人都会劝你保持中立，而是朋友的人都请求你表明态度，举兵参战。畏首畏尾的君主为了躲避眼前的灾祸，往往会保持中立，而往往也就招致灭亡。如果君主坚决果断地表明支持其中一方，而这一方得胜了，那么尽管他的势力强大，而且你仍然要听他支配，但是由于你对他恩惠深重，你们之间的盟誓如山，他们断不会趁此机会消灭你，做一个忘恩负义的典型，为世人所不齿。再者，胜利也从不是完全不受约束的。获胜者不能忘乎所以，毫无顾忌，尤其要顾及道义。但如果你所支持的一方失利了，他们仍然会保护你,而只要他们有能力,他们也会支持你。这样,一旦时来运转,你就能与他们共享成功。在第二种情况下,如果交战双方势力都不强,谁胜利你都不用担心,那么与其中哪一方结盟就要慎重些。因为你在其中一方的帮助下,出力打败了另一方,共同的胜利就会使他处于任凭你摆布的境地。

对于这一点,我们必须指出,君主在战时要特别当心,除非像我们在上面所说的那样,为形势所迫,万不得已,绝不要同比自己强大的国家结盟与其他国家开战。因为你在赢得战争的同时,也就成了这个强国的俘虏。所以,君主们必须尽可能地避免受制于人。威尼斯人与法国人联合起来攻击米兰公爵,最终就导致了自身的灭亡,而他们本来完全可以不缔结这种联盟的。但是,如果势所难免,如像教皇和西班牙进兵伦巴底时佛罗伦萨人所遇到的那种情况,那么由于上述原因,君主就必须与一方结盟。不过任何统治者别指望能找到一种十分保险的方法,他倒是应该想到要采取很不确定的方法。因为避免了一种弊端,就难免另一种弊端,世事的逻辑就是如此。而善于了解这些弊端的轻重,选择其中最轻者为利,仍然不失为明智之举。

除了这些,君主还应该表现出爱惜人才,应该向各行各业中出类拔萃的人授予荣誉,还应该鼓励臣民在商业、农业以及所有其他行业中,安安心心地施展他们的聪明才智,不要让农夫由于害怕被人掠夺而抛荒田地，不要让商人由于担心征税而不愿发展贸易。因此，君主要对愿意从事这些行业的人，以及所有想方设法使国富民强的人给予奖赏。除此之外，君主还应该每年定期让臣民放假几天，欢度节日，开展竞技活动。另外，各个城邦都有行会组织和社会团体，君主应该对这些组织予以重视，不时亲临他们的集会，做宽厚仁慈、庄重大方的楷模，但不能有损于君主地位的威严，因为君主的威严绝不可失。

## 第二十二章
## 关于君主的大臣

对君主来说，选择大臣绝不是件无足轻重的事情。大臣优良与否，全看君主是否贤明。人们对君主及其智力所做的最初判断，皆出于对其身边大臣的印象。如果这些大臣才华横溢，而且忠心耿耿，那么一般就可以认为君主也是贤明的。因为他能了解大臣的才智，并使他们对他保持忠诚。如果情况并非如此，人们对这位君主的评价一般就不会好，因为他首先就选错了大臣。

认识锡耶纳君主潘多尔福·佩特卢奇身边的大臣安托尼奥·达·维纳弗罗的人，都认为潘多尔福选安托尼奥为臣是极其聪明之举。因为人按智力可分为三类[36]：一类人自己就能理解事物；

另一类人自己虽不能理解，但经人点拨就能理解事物；还有一类人自己不能理解，经人点拨仍然不能理解事物。第一类人智力最高，第二类人智力也不低，而第三类人则毫无用处。因此可以肯定，潘多尔福如果不属于第一类人，至少也属于第二类。因为，只要君主的判断能力足以辨别别人的言行好坏，那么即使他自己不能出主意，但能够识别其大臣的主意好坏，同时能够抑恶扬善，那么大臣就只得规规矩矩，别指望能够欺骗他。

但是，君主怎样才能识别自己的大臣呢？这里有一种方法，采用它从不出错。如果你发现大臣总是为他自己着想，而不是为你着想，事事只顾及他自己的利益，那么这样的大臣就毫无用处，你切不可信任他。因为大臣既然为君主掌管着整个国家，就只能为君主着想，而绝不该为自己着想，也绝不该想着与君主的事务无关的事情。而作为君主，为了使大臣不离心离德，就应该为他着想，授以荣誉，给以俸禄，让他知恩图报，让他与自己分享荣誉，分担职责。这样就能让大臣觉得离了君主就无法生存，所得到的荣华富贵已经登峰造极，不应再有非分之想，而他既已身居高位，就担心发生新的变迁。因此，如果君臣之间如此相待，那么就能相互信任，否则对其中任何一方来说，结局都是十分不利的。

## 第二十三章
## 君主如何防备谄媚者

　　如果君主不是十分贤明，或者没想到要知人善任，那么他就会在一个重要问题上犯大错误，这就是谄媚者问题，对此我不想撇开不谈。在君主的宫廷中，谄媚者无处不在。因为人都是自高自大的，而且喜欢别人奉承，因此要躲避谄媚这种瘟疫很难。而如果有人真想躲避这种瘟疫，又将可能面临另一种危险，即遭到别人的蔑视。因为要防备谄媚者，君主除了表明自己乐意听真话，别无他法。而一旦人人都对你说真话，你的威严也就不复存在。所以，审慎的君主应该采取另一种方法，即在国中选出一些贤良之才，只让他们有权对君主说真话，而且只说他想知道的事情。

而君主则应该就一切问题向他们咨询，倾听他们的意见，然后根据所听到的内容，自己在心里按照自己的方式做出结论。君主对这些顾问，尤其是对其中每个人的态度，应该让他们认识到，他们越是畅所欲言，就越能受到君主的青睐。除了这些人，君主不应再听其他人的话。已经决定了的事情，也要始终如一地去做，绝不更改。如果君主不这样做，那么不是被谄媚者所毁，就是由于根据所听到的各种意见经常改变主见，终使自己的威望一落千丈。

说到这里，我想举一个当代的例子。当今在位的皇帝马克西米安努斯的宠臣卢卡神父，在谈及皇帝陛下时曾说，他从不听别人的建议，但也从未依照自己的想法办事，原因就是他没有按上述方法为人处世。因为这位皇帝特别能保守秘密，不向别人透露自己的意图，也不听别人的意见。但是当他想实现自己的意图时，人们也就知道了他的意图，并立即遭到身边人的异议。而他过于软弱，遂又放弃这些意图，因此他常常朝令夕改，使人们始终不明白他的意图，无所适从。

所以，君主要经常听取别人的意见，但应该是心甘情愿的，而不是为人所迫。相反，他应该让任何人打消不经征求就向君主提建议的念头。此外，君主本人应该是一位非常喜欢征求意见的人，而且还应该是一位耐心倾听所有真言的人，若得知有人出于某种顾忌，不对他讲真话，应该感到不快。但是，如果有人认为，一位贤明君主的声誉不是出自他的本质，而是出自他身边大臣的才智，那无疑是大错特错了。因为这里有一条永远适用的普遍法则，即如果一位君主本人不贤明，就不会获得好的建议，除非他碰巧遇上一个绝顶贤明的大臣，他完全信赖此人，一切事务都委托他办理。这种情况有可能碰到，但好景不长，这个代理人很快就会篡夺王位，取而代之。但是君主要是广泛地征求意见，那就永远莫衷一是，如果自己又没有很强的判断能力，就无法使大家的意见统一。因为每个提意见的人都是从自己的利益着想的，君主不能纠正他们的错误，也不能了解他们的意图。人人如此，无一例外，因为人最终要露出为恶的本性，只是出于无奈才行善的。因此我认为，好的主意，无论是谁出的，都源出于君主的睿智，而不是君主的睿智源出于这些好主意。

## 第二十四章
## 意大利的君主们为何丧权亡国

上面我所提出的建议，如果君主都能认真实施，那么新君主就表现得像老君主一样，而且用不了多久，他的江山就比在位多年的老君主还要安全稳固。这是因为，新君主的行为比世袭君主更加受人关注。如果他的行为举止在人们看来合乎道德，那么这些行为举止就能够比血统的古老性更快地赢得人心，也更牢固地维系人心。原因在于，人们更多的是关注目前的事情，而不是关注过去的事情。如果他们觉得目前的情况很好，就会志得意满，不再去追求其他东西。相反，只要这位君主在其他事务中不自己招损，人们还会尽力捍卫他。于是，他由于创立了一个新的君主国，并建立完善的法律，缔造精良的军队，结交可靠的盟友，树立光辉的典范，以此来巩固自己的江山，定会声名鹊起，威望大增。而一个世袭君主若因才疏学浅而丧失江山，就会备受耻辱，声名狼藉。

现在，如果我们对诸如那不勒斯国王、米兰公爵等当代意大利的君主们丧权亡国的原因仔细分析，首先会发现，由于前面详述的原因，他们都在军队问题上犯了同样的错误；其次会看到，他们中有人与人民为敌，有人虽以人民为友，却不免遭到贵族敌视，因为要是他们不犯这些错误，国家就有足够的力量维持一支能够作战的军队，他们也就不致丧权亡国了。马其顿的菲利普（这里说的不是亚历山大之父，而是被提图斯打败的那个菲利普），其国势并不敌前来进犯的罗马人和希腊人，但他深谙战争之道，又善于笼络民心，钳制贵族，因而能使抗敌战争维持多年。虽然最终丧失了几座城池，但王国依然岿然不动。

因此，我们意大利的君主们，统治了那么多年，后来却丧权亡国，不能怪自己命运不济，只能怪自己懈怠无为。因为他们从不居安思危（懒于未雨绸缪，是所有这些人的通病），以后当大难临头时，他们就只顾逃命，不去抵抗，而寄希望于人民在饱受征服者凌辱之后，能欢迎他们复辟。如果没有其他方法，这个主意倒也不错，但是为此就放弃其他手段和措施，那就大错特错了，人不应该因估计会有人过来扶他就让自己摔倒。这种事情不是经常会发生的，就算发生了，对你也不安全，因为这种十分拙劣的防御措施，是依赖于他人的，而不是依赖于你自己的。唯有依赖你自己，依赖于你自己智慧的防御措施才是安全可靠、经久不败的。

第二十五章
命运在人的事务中
作用如何及人如何抗击命运

我很清楚,任何人都曾有过,而且现在仍然还有这种看法,即世间的一切事务都是由命运和上帝安排好的,无论人类有多大才智,也不能左右这些事务,甚至任何补救措施都无济于事。所以人们可能会认为,劳心费神去操持这些事务是徒劳无功的,不如顺其自然,听天由命。由于过去发生的而且现在每天正在发生的重大变革,都出乎人的意料之外,因而这种看法在我们这个时代又被人深信不疑,连我有时想到这些事,也有点赞同这种看法。然而,为了不使我们的自由意志消磨殆尽，我认为实际情况可能是，命运只主宰了人类事务的一半，还留下一半让我们去管理。我把命运比作一条年年泛滥的大河，大河发起怒来便淹没平原，冲毁树木和房屋，把土壤从一侧搬到另一侧。人人都躲避它，听凭它发狂肆虐，无力进行任何抵挡。但是，尽管河流会在某个季节泛滥成灾，人类仍然可以在天气适宜时修筑堤坝，以便来年河流再次泛滥时，河水可以通过河道排走，不致肆虐成灾。命运亦是如此，在没有力量抵御它的地方，它就大逞其威，它知道哪里没有堤坝抵挡它，它就冲向那里。如果我们对意大利（它就处在这些动乱的中心，也是推动这些动乱的场所）认真进行分析，可以发现它就像没有任何堤坝的平川。不然，它要是像德国、法国和西班牙那样，也得到一些大智大勇的君主保护，那么，敌人的侵犯就不致造成这么严重的动乱，甚至根本不会引发动乱。对于一般的与命运抗争，我说这些就足够了。

但是，为了更具体地探讨这个问题，我认为，君主今日虽贵为天子，明朝却成阶下囚，而其人品和本性并无改变，这首先是出于我在上面充分陈述的原因，即一个君主如果完全依靠命运，那么当命运转变时，他就会垮台。我还认为，善于顺应时势的人就能事事顺利，而不能顺应时势的人则注定要失败。因为我们看到，人们在为了达到荣誉和财富这些目的而从事的事业中，采取了各种不同的方式。有的人沉稳，有的人鲁莽；有的人凭借暴力，有的人运用计谋；有的人坚韧不拔，有的人则与此相反，而所有这些方式都能让人达到目的。人们可看到，同样两个人都谨慎行事，一个能成功，一个却不行；但也可看到，两个不同的人，一个小心谨慎，一个大胆泼辣，尽管方式迥异，却都能获得成功。这只表明，他们的行事方式是否顺应时势。由于我在前面说过的原因，就出现了这种情况，即两个人行事方式不同，却获得同样的效果，而另外两个人，虽行事方式相同，但一个人能实现目标，另一个人却不能。结局的易变性也是出于这个原因，因为如果一个人为人处世谨慎勤奋，行事又恰逢其时，那么他的方式就是合适的，就能幸运地获得成功，但如果时势发生变化，而他没有改变行事方式，那么就会失败。但是没有人有那么聪明，善于随机应变，这或是因为他无法摆脱由本性决定的行事方式，或是因为用老方法一直都能获得成功，不愿意放弃它。所以，小心谨慎的人在该大胆泼辣时却不知所措，于是就会失败，而若能见风转舵，好运就会长久。

教皇尤利乌斯二世向来行事迅速干脆，并且找到了完全适合他的作风的时机和举措，因此他的事业总能获得成功。我们来分析当乔万尼·本蒂沃利奥仍然活着时，他对博洛尼亚的首次进兵。威尼斯人不同意，西班牙国王也是如此，他就与法国进行磋商，但他勇猛果断，竟亲自带兵出征。而威尼斯人由于害怕，西班牙人由于想收复整个那不勒斯王国，竟都犹豫不决，按兵不动。但他说服法国国王和他一起行动，认为他不会拒绝出兵援助他而公然得罪他，因为这位国王看到教皇已经行动起来，并且想与他结盟来削弱威尼斯人的力量。因此，尤利乌斯教皇毅然亲自出征，做出了其他教皇出于人的谨慎本性而从不敢做的事情。若要等到所有问题都已落实，所有事情都安排停当（其他教皇都要这样做），才从罗马出发，那他就绝不会获得成功。因为法国国王可能会找到无数个借口不愿出兵，其他人也可能会用无数个担心的理由来反对他。

他的其他事迹我就不说了，因为这些事迹都相似，都获得了成功。这是由于他任期短暂，没有遇到不利的情况。假如以后时势发生转变，要求他谨慎行事，他就可能遭到失败。他是绝不会改变他的作风的，因为这是由他的本性决定的。

总而言之，人的命运是变化无常的，而人的行事方式始终不变，如果两者能互相协调，人就能获得成功，而一旦失去协调，就要遭到失败。此外我还认为，干事大胆果断比谨小慎微要好。因为命运就像一个女人，要想让她屈服，就得打击她。我们通常发现，她宁愿被干事大胆果断的人征服，而不愿被沉稳冷静的人征服。所以命运就像女人一样，青睐年轻人。年轻人干事冲劲十足，很少瞻前顾后，能勇敢无畏地掌握命运。

## 第二十六章
## 热切希望从蛮族人手中解放意大利

经过对上述所有问题的分析,我在想,目前意大利是否正处在这样一种时期,可以让一位新君主去赢得荣誉,是否在某个方面存在机会,让一个聪明睿智的人采取能为他赢得荣誉的行为方式,并且对全国上下都有利?我认为,目前发生的许多事情都是对一位新君主有利的,再也没有比这更好的时机了。而且如果像我说过的那样:为了显示摩西的聪明才智,以色列人就非得在埃及受苦受难不可;为了认识居鲁士的雄才大略,波斯人就必须遭受米底人的残酷压迫;为了体现忒修斯的卓越才华,雅典人就不得不四处流浪。那么,现在为了让一位意大利的杰出人物脱颖而出，意大利就必须沦落到目前这种极端悲惨的境地：所受的苦难比犹太人更深，所受的奴役比波斯人更重，人民流离失所也比雅典人更甚，没有领袖、没有秩序、萎靡不振、一贫如洗、任人宰割、外邦势力恣意横行，总之，意大利遭受的灾难罄竹难书。

虽然最近有人闪现出了些许光芒，使我们以为他就是上帝派来的救星，但是后来我们看到，正当他的事业如日中天之时，却遭到命运的遗弃，以致意大利仍然死气沉沉，翘首企盼一位英雄，能够抚平她的创伤，制止强盗在伦巴底的烧杀劫掠，制止骗子在那不勒斯和托斯卡纳的敲诈勒索，治愈她身上长期流脓不止的疮痍。我们看到，她多么急切地祈求上帝派人把她从蛮族人的残酷暴虐中拯救出来，还看到她已经做好准备，一旦有人树起大旗就紧紧相随。但是目前除了你们这个拥有财富和智慧，受到上帝和教会宠爱（你们家族正领导着教会）的荣耀家族，我们看不到还有谁有希望担当拯救意大利的重任。如果您把我刚才列举的那些人的生平和行为牢记在心，拯救意大利就不再困难。虽然这些人凤毛麟角，但他们总归是人，而且他们各人所拥有的机会并不比您多，因为他们的事业不比拯救意大利这种事业更正当，更容易完成，他们也不比您更受上帝的宠爱。正义就在我们这一边，因为必要的战争就是正义的，倘若没有别的希望，武器就被奉为神明。这就是最大的志愿，而有了宏伟的志愿，只要您以我所列举的那些伟人的品德作为楷模,实现这个志愿就没有多少困难。除了这些,我们这里还出现了上帝创造的绝无仅有的奇观:海水分开了,云朵为您开出道路,岩石中涌出甘泉,还有灵粮从天而降,所有这些都映衬出您的伟大。其余全在于您了。上帝不想亲自承揽一切,不想剥夺我们的自由意志以及可能属于我们的那份功劳。

我们现在寄希望于你们家族的拯救意大利的伟业,前面提到的两位意大利人[37]都未能完成,而且尽管意大利动乱频仍,战争连年,但她的军事能力似乎一直在渐渐衰弱,这些并不令人奇怪。原因就是旧时的制度不好,而且从未有人能找到比较好的制度。而对于一位刚刚上台的君主,最能让他获得荣誉的事情就是由他亲手创立新的法律法规。如果这些法律法规得到巩固,受到尊重,他就能获得极高的威严。而在意大利,这方面正大有文章可做。意大利就像一个四肢强健而头脑虚弱的人。请看意大利人一对一或几个人对几个人的格斗和战绩,[38]他们在体力、精神及机敏程度上是何等占优势!但若要他们参加对阵战,便丑态百出,原因就是统帅无能。因为有能力的人都不愿意服从他人,而人人似乎都是能人,因为到现在为止,还没有人在才智和命运上表现得如此突出,可以让其他人服从他。于是就造成在这么长的时期内,在最近二十年发生的那么多战役中,那些全由意大利人组成的军队,战绩总是很糟:先后有福诺沃、亚历山德里亚、加普亚、热那亚、阿尼亚德洛、博洛尼亚、梅斯特里诸战役为证。

因此，您的显赫家族要想跻身于那些拯救民族的伟人之列，首先要做的事情必须是缔造一支自己的军队，因为最忠诚、最踏实、最优秀的士兵，莫过于自己的军队，这是任何伟业的真实基础。虽然这些士兵从个人来说都优秀，但如果让君主来统率，授予荣誉，给予军饷，那么作为整体就会更好。因此，君主必须拥有这种军队，才能靠意大利人的勇敢精神战胜外国侵略者。虽然瑞士和西班牙的步兵令人生畏，但都有弱点，第三种建制的士兵不仅能抵抗他们，而且可以战胜他们。因为西班牙步兵经不住骑兵的攻击，而瑞士步兵必定害怕碰到和他们同样勇猛顽强的步兵。历史上就曾有过这种情况，即西班牙步兵不敌法国的骑兵，而瑞士的步兵也败在西班牙步兵的手下，这种情况今后还会出现。虽然瑞士步兵被西班牙步兵打败的证据不足，但在拉文纳之役中就出现了强强相遇勇者胜这种情况，当时西班牙步兵正在攻击战术与瑞士步兵相同的德国军队。西班牙步兵身体敏捷，又有圆盾掩护，能在德国步兵的长矛之间进退自如，并灵活机动地寻机挥刀砍杀，使敌兵防不胜防。要不是德军的骑兵冲上来，西班牙步兵定会把德国步兵杀得片甲不留。因此，了解到这两支步兵军队的弱点，你就能创立一种新型的军队，既不怕步兵，又能抵抗骑兵。这可以通过采用新的编队，并通过改变阵列来做到。正是这种革新之举为新君主带来声誉和威望。

因此，我们绝不应该错过这个机会，要让意大利在经过如此长期的等待之后，终能看到有一个救星冉冉升起。我无法预料，在意大利那些惨遭外国侵略者蹂躏的地区，人民将会怀着何等强烈的热情、何等急切的复仇欲望、何等执着的忠诚、何等的崇敬并以何等泪泪不绝的热泪来迎接这个救星啊！哪扇门会对他关闭？谁会拒绝对他的服从？有什么样的嫉妒心能阻拦他？哪个意大利人不愿对他表示敬意？蛮族人的暴虐统治已经遭到全体意大利人的极端厌恶。因此，愿您的荣耀家族，以人们进行正义战争时所怀有的那种勇气和希望，担负起这个使命；愿祖国在您的家族的旗帜下兴旺发达；愿诗人彼特拉克的豪言壮语，在您的家族的支持下能够实现：

> 抗击暴虐的义师开始进军，
> 很快就能把敌人消灭干净。
> 因为古罗马人的勇敢精神，
> 在意大利人民的心中长存！

注释

1 关于弗朗切斯科·斯福尔扎（1401—1466），马基雅维利在本书第七章，以后又相继在《佛罗伦萨史》第六卷、《战争之艺术》等书中提及，以论及雇佣军的危害。弗朗切斯科·斯福尔扎就是由雇佣军队长成为统治者的典型。布克哈特在《意大利文艺复兴的文化》(*Die Kultur der Renaissance in Italien*，巴勒，1860，Ⅰ)（*Civilt del Rinascimento*，米兰，22~30页）等书中明确指出了这种危害。

2 西班牙国王，指阿拉贡的费尔迪南德二世，天主教徒。在本书第十六章、第十八章和第二十一章都提及此人，说明他的伪善与业绩。

3 指《论提图斯·李维》十卷本第一卷。马基雅维利开始写本书时是论述共和国的，但后来他放弃了，修改了内容，把它写成了一本论述君主制的必读书。

4 1484年，埃斯特家族的埃尔科勒因《巴尼奥洛（Bagnolo）和约》而幸免灭亡。1510年，在位的费拉拉公爵是阿尔方索一世，他拒绝加入神圣联盟。埃斯特家族从1000年以前第一位侯爵阿佐起，就是波河平原的统治者，据穆拉托利（Muratori）称，他们家族的系谱还可上溯到卜尼法斯一世，800年左右被查理曼大帝封为托斯卡纳侯爵。

5 这一段意大利文原文是 Satisfannosi e'sudditi deI ricorso propinquo al principe。李西奥（Lisio）教授与路易奇·卢索（Luigi Russo）教授在1946年桑索尼版的《君主论》中提出了一种以"ricorso"一词的旧义（由贤者组成的法庭）为本的释义："属民对（拥有）一个在君主身边（建立）的法庭感到满意。"

6　拉丁文原文是"Compedes"，即羁绊。要理解这个绝妙的比喻，可参看 *Discorsi*，Ⅰ，ⅰ和ⅱ、ⅵ及《佛罗伦萨史》Ⅱ，ⅰ中有关移民的定义：移民使被征服地依附于征服者。

7　指马其顿的菲利普五世和叙利亚的安条克。

8　这些人分别指弗朗切斯科·德·贡萨戈、埃尔科勒·德·埃斯特、詹·本蒂沃利奥、卡特琳·斯福尔扎、阿斯托雷·曼弗雷蒂、乔万尼·斯福尔扎、潘多尔福·马拉特斯塔、朱利奥·塞扎尔·达·瓦拉诺及雅科波·达皮亚诺。

9　事实上是克雷莫纳、维罗纳及整个加拉达达（Ghiaradadda）地区。但是，即使我们根据这个说法，理解马基雅维利指的是"缩小的"意大利，"三分之一意大利"也是夸张的。

10　路易十二于1502年7月返回意大利，其原因部分是为了阻止博尔吉亚的扩张野心，真正意图是为征服那不勒斯王国做准备，这是从1500年起就由《格拉纳达条约》规定的。这个条约是路易十二与阿拉贡国王费尔迪南德签订的，旨在打击费尔迪南德的表兄弟，那不勒斯国王弗里德里克。意大利历史学家圭奇阿尔狄尼同样对路易十二的"轻率"做出了严肃的批判："……为了得到那不勒斯王国一半的领土竟同意把另一半让与西班牙，让如此强大的君主进入意大利……本来他可以独吞我们国家，却要找一个势力相当的伙伴来分享。"（*Opere inedite*，Ⅰ，231页）

11　指教皇亚历山大六世和西班牙国王天主教徒费尔迪南德。

12　人们知道，路易十二和他的大臣鲁昂大主教向教皇亚历山大六世换取了两样东西：一是一道教皇谕旨，允许路易十二休掉原配王后，以便与布列塔尼的安妮结婚；一是红衣主教的职位，条件是法国国王把塞扎尔·博尔吉亚封为瓦朗斯公爵，并把有皇家血统的阿尔布雷之女许给他。

13　底比斯，指雅典的"三十专制者"政府和底比斯的寡头政府，前者在公元前404年至公元前403年被特拉叙布卢斯推翻，后者在公元前379年被佩洛皮达斯和埃帕米农达斯推翻。

14　分别于公元前211年、公元前146年和公元前133年。

15　法文为au poil（poil，毛），意即"恰当的"。这个词是16世纪及以后的译者喜欢添加的一些俏皮语之一。马基雅维利有时在书信中，偶尔也在出使的文书中使用这种俏皮语。但在严谨的著作中，尤其是在《君主论》中一概不留。马基雅维利语言的朴素严谨曾引起一些作家的赞叹，其中巴尔贝·道雷维利（Barbey d'Aurewilly）就曾写道："他的文笔迅如猎隼，我认为这是他最伟大的品质。"（参看 Les œuvres et Hommes）读者可对译文做如下修改："抓住上述时机，在一个晴朗的早晨……"

16　开始他使他的候选人庇护三世当选，但上任仅一个月就去世了。关于尤利乌斯如何得到他的赞成而获选，却回报他以"墨水瓶的棉花"，见《第一次出使罗马教廷》。

17　这样看来，这次谈话不属《出使罗马教廷情况报告》中所说的三次会谈，值得纪念的会谈是1503年11月7日那次。

18　塞扎尔·博尔吉亚在主教团中有11位西班牙红衣主教为他说话。但是"他们根本不愿具备当教皇的知识"。他们和意大利红衣主教一样，更不想要一个法国人当教皇，尽管昂布瓦斯主教乔治漫天许诺，滥撒钱财。弗勒朗日在其《回忆录》中写道，瓦朗斯公爵问他是否想通过选举，按照圣灵的意图担任教皇，而他对他们说，他绝不会当。对此我们这位教皇特使先生回答说，他宁愿不当教皇，也不靠魔鬼之助当教皇……于是人们在庇护三世短暂的任期内，就选举圣-皮埃尔-埃斯-连主教为教皇的问题进行商议，而塞扎尔却舍本求末，要他的主教们投像利古里亚人那样记仇的敌人朱利阿诺·德拉·罗维雷的票，就因为他允诺归还罗马尼亚和奥斯提亚港（借热那亚的名义），继续让他担任教皇保护人，豁免他欠教廷金库的巨额债务。

19　他们分别指朱利阿诺·德拉·罗维雷、乔万尼·科隆纳、利亚里奥以及阿斯卡尼奥·斯福尔扎。

20　指1482年埃斯特公爵、路德维科·斯福尔扎、伟大的洛伦佐、阿拉贡的阿尔方索和西克塔斯四世组成的联盟。

21　粉笔，参看法国历史学家菲利普·科米内《回忆录》VII，xix：
"正如当时在位的亚历山大教皇所说，法国人入侵意大利只用带上仆从的马刺和先行官标记宿营地用的粉笔。'仆从的马刺'之说是因为法国青年经由城市时，他们的侍从在他们的皮鞋或拖鞋里放一把小刷子，他们骑在骡子上，晃荡着双腿。"

22　指佛罗伦萨多明我修会修士萨沃那罗拉。

23　这里指的是斯福尔扎王朝的开国者穆奇奥·阿唐多罗。他出生于科蒂尼奥拉。他由一个罗马尼奥勒的土匪成为许多城市的领主和那不勒斯焦万娜女王的要塞司令。他曾沦为她的囚犯，后被她的妹妹释放，重新担任军队统帅，1424年为进行军队的攻击训练，在泗渡佩斯卡拉时死亡。

24　即约翰·霍库德，英籍雇佣军长。

25　指弗朗切斯科·布索内（1390—1432），出生于卡尔米纽拉。

26　指阿尼亚德洛，意大利伦巴底一村庄名。

27　非基督徒指土耳其军队。约翰·康塔库泽内为抗击帕莱奥洛格的军队，1353年向土耳其苏丹奥尔坎借兵，奥尔坎派其子苏里曼抗击帕莱奥洛格的军队。

28　《撒母耳记》第十七章，38~40页。

29　见塔西佗《年鉴》（*Annales*）XIII，19页。

30　"有实效的真实情况"是马基雅维利的一个创新词语，作为作者的历史唯物主义的用语仍然很著名。

31　指西班牙国王，天主教徒费尔迪南德。

32　按马基雅维利在《佛罗伦萨史》中的说法，乔万尼·本蒂沃利奥当时6岁，而马基雅维利在《君主论》中说"尚在襁褓中"是言过其实。其间由安尼巴勒的堂兄弟与波比的一位村妇所生的私生子摄政，直到乔万尼掌握权力，1506年让教皇尤利乌斯二世剥夺其摄政权为止。

33　马基雅维利关于罗马共和国历史人物的评论越来越草率了，他对这些人的认识几乎只根据波利提安译成拉丁文于1493年出版的寥寥几本赫罗迪安的著作（*Opere latine del Poliziane*，巴尔贝拉，1867）。拉·亚历山德林在叙及朱利安努斯时写道：元老院看到胆怯的朱利安努斯及其卫队时吓得惊慌失措，元老院自己也慌作一团，于是决定处死朱利安努斯，宣布塞维鲁为皇帝。

34　法译者戈奥利（Gohory）此处译得欠明晰。马基雅维利虽然指出归纳时若不考虑特殊性则有弊害，但宣称仍然要在事物允许的范围内进行归纳。圭奇阿尔狄尼在其 *Ricordi* 第六卷中指出了同样的弊害：

"把世界上的事情绝对地一律说成是规律,是大错特错的,因为所有事情都有区别和例外。"不过他不像马基雅维利那样迫切需要建立规律,以便把思想付诸行动。

35 "(伟大的洛伦佐)全部心思都用来注意使意大利的事务保持很好的平衡,不让任何一方势力偏强。"(圭奇阿尔狄尼《意大利史》I,i)

36 圭奇阿尔狄尼(Ricordi):"安托尼奥·达·维纳弗罗说得好:让七八个聪明人聚在一起,他们就都变成傻瓜,因为他们之间达不成一致。他们把事情讨论来讨论去,就是不去做。"提图斯·李维:"我常听说,一流的人自己能找到好方法,二流的人能听从别人的好建议,三流的人自己找不到好方法,也不听别人的好建议。"赫西奥德(《工作与时日》,293~297页)也把人分成三等:最好的、一般的和毫无用处的。

37 指斯福尔扎和博尔吉亚。

38 马基雅维利指的是巴尔雷塔的擂台比武,在1502年轰动一时。